Buchhaltung in 20 Stunden

Dr. Jürg Leimgruber • Dr. Urs Prochinig

Buchhaltung
in 20 Stunden

VERLAG:SKV

Dr. Jürg Leimgruber und Dr. Urs Prochinig schlossen ihre Studien an der Universität Zürich mit dem Doktorat ab. Sie verfügen über Abschlüsse als MBA (Master of Business Administration) und MASSHE (Master of Advanced Studies in Secondary and Higher Education). Nebst ihrer wissenschaftlichen Tätigkeit arbeiten sie als Unternehmensberater und als Dozenten in der Erwachsenenbildung. Sie sind Mitglieder verschiedener eidg. Prüfungsgremien.

5. Auflage 2010

ISBN 978-3-286-32445-9

© Verlag SKV, Zürich
www.verlagskv.ch

Alle Rechte vorbehalten.
Ohne Genehmigung des Verlages ist es nicht gestattet, das Buch oder Teile daraus in irgendeiner Form zu reproduzieren.

Gestaltung: Peter Heim

Vorwort

Dieses Buch führt Sie im Selbststudium in nur 20 Stunden in die Geheimnisse der Doppelten Buchhaltung ein. Angesprochen sind alle Anfänger und Wiedereinsteiger, die sich das Wesentliche in kurzer Zeit aneignen wollen.

Das Buch ist in drei Teile gegliedert:

- Der anschauliche und grafisch ansprechend gestaltete **Theorieteil** erlaubt Ihnen das rasche und gründliche Erlernen des Stoffes.
- Das Lösen der **Aufgaben** bietet Ihnen die Möglichkeit, die Theorie sofort praktisch umzusetzen.
- Mithilfe der ausführlichen **Lösungen** erhalten Sie unmittelbar die Bestätigung für Ihre Lernfortschritte.

Es empfiehlt sich, kapitelweise vorzugehen: Lesen Sie von jedem Kapitel zuerst die Theorie, und lösen Sie anschliessend die dazugehörenden Aufgaben.

Und nun viel Spass – der Erfolg ist Ihnen gewiss!

Zürich und Rafz, Februar 2010   Jürg Leimgruber
                                          Urs Prochinig

Vorwort zur 5. Auflage

Da die ersten vier Auflagen von den Leserinnen und Lesern sehr positiv aufgenommen wurden, erfuhr die 5. Auflage nur geringfügige Änderungen. In Kapitel 2 wurde die Gesellschaft mit beschränkter Haftung eingefügt, in Kapitel 7 wurde die Gewinnverbuchung der heutigen Praxis angepasst. Eine Verwendung der bisherigen Auflagen mit der 5. Auflage ist möglich. Wir danken für das Vertrauen.

Zürich und Rafz, Februar 2010   Die Autoren

Inhaltsverzeichnis

		Theorie	Aufgaben	Lösungen
1	Vermögen, Fremd- und Eigenkapital	10	37	85
2	Die Bilanz	12	43	88
3	Die Auswirkungen von Geschäftsfällen auf die Bilanz	16	50	92
4	Die Aktiv- und Passivkonten	17	54	94
5	Die Erfolgsrechnung	22	64	103
6	Die Aufwands- und Ertragskonten	26	68	106
7	Der Jahresabschluss	30	74	112
	Fachwortverzeichnis	119		

Theorie

1 Vermögen, Fremd- und Eigenkapital

Die Buchhaltung vermittelt einen Überblick über die finanzielle Lage einer Unternehmung. Wie bei Privatpersonen wird auch bei Unternehmungen zwischen Vermögen und Schulden (Fremdkapital) unterschieden. Der Überschuss des Vermögens über die Schulden wird als Reinvermögen oder Eigenkapital bezeichnet und nach folgendem Schema berechnet:

```
  Vermögen
./. Fremdkapital (Schulden)
 = Eigenkapital (Reinvermögen)
```

Beispiel 1

Vermögensübersicht bei einem Jugendlichen

Über die Vermögenslage eines Jugendlichen sind am 30. August 20_1 folgende Angaben bekannt:

Vermögen	Bargeld	90.–
	Guthaben auf dem Salärkonto bei der UBS	210.–
	Stereoanlage, CDs, Kassetten, Bücher u. Ä.	500.–
	Zimmereinrichtung (Bett, Schreibtisch, Kasten, Stuhl u. Ä.)	300.–
	Mountainbike	350.–
		1 450.–
./. Fremdkapital	Noch nicht bezahlte Rechnungen	100.–
= Eigenkapital		1 350.–

Die Vermögenslage dieses Jugendlichen kann auch grafisch dargestellt werden:

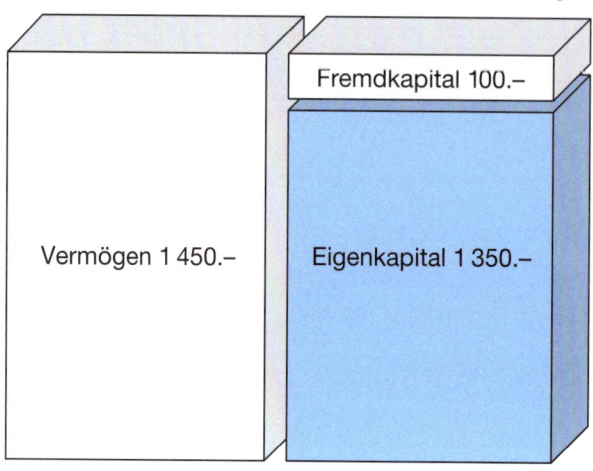

Beispiel 2 **Vermögensübersicht bei einer Unternehmung**

Einen guten Einblick in die Vermögenslage einer Unternehmung erhalten Sie aufgrund des Inventars. Unter **Inventar** versteht man ein detailliertes Verzeichnis aller Vermögens- und Schuldenteile. Die buchführungspflichtigen Unternehmungen müssen gemäss Obligationenrecht (OR)❶ am Ende jedes Geschäftsjahres ein Inventar aufstellen (= Inventur).

Im Folgenden ist das Inventar eines CD-Shops (Verkauf von Compact Discs) vom 31. 12. 20_1 abgebildet:

Vermögen	Kassabestand		2 800.–
	Guthaben bei der Post		7 500.–
	Guthaben gegenüber Kunden (unbezahlte Rechnungen)		
	– F. Carlen, Wildcat-Disco, Cham	480.–	
	– Hotel Bären, Dancing, Baar	320.–	800.–
	Vorräte an Compact Discs zu Einkaufspreisen		
	– 400 Stück zu Fr. 16.–	6 400.–	
	– 300 Stück zu Fr. 18.–	5 400.–	
	– 200 Stück zu Fr. 21.–	4 200.–	16 000.–
	Ladeneinrichtung		
	– 3 CD-Abspielgeräte mit Kopfhörern zu Fr. 1400.–	4 200.–	
	– 5 Regale zu Fr. 1000.–	5 000.–	
	– 3 Stühle zu Fr. 300.–	900.–	
	– 1 Verkaufskorpus	3 000.–	
	– 1 Registrierkasse	3 500.–	16 600.–
	Geschäftsliegenschaft		300 000.–
			343 700.–
./. Fremdkapital	Schulden gegenüber Lieferanten (unbezahlte Rechnungen)		
	– Philips, Basel	3 300.–	
	– PolyGram, Hannover	2 700.–	6 000.–
	Hypothekardarlehen❷ von der Zuger Kantonalbank		180 000.–
= Eigenkapital			157 700.–

❶ **OR 957 Abs. 1.** Wer verpflichtet ist, seine Firma in das Handelsregister eintragen zu lassen, ist gehalten, diejenigen Bücher ordnungsmässig zu führen und aufzubewahren, die nach Art und Umfang seines Geschäftes nötig sind, um die Vermögenslage des Geschäftes und die mit dem Geschäftsbetriebe zusammenhängenden Schuld- und Forderungsverhältnisse sowie die Betriebsergebnisse der einzelnen Geschäftsjahre festzustellen.

OR 958 Abs. 1. Wer zur Führung von Geschäftsbüchern verpflichtet ist, hat bei Eröffnung des Geschäftsbetriebes ein Inventar und eine Bilanz und auf Schluss eines jeden Geschäftsjahres ein Inventar, eine Betriebsrechnung und eine Bilanz aufzustellen.

❷ Darlehen, bei dem die Liegenschaft als Pfand haftet.

2 Die Bilanz

In der Buchhaltung verwendet man für das Vermögen den Ausdruck **Aktiven.** Fremd- und Eigenkapital zusammen bilden die **Passiven.**

Die Gegenüberstellung der Aktiven und Passiven erfolgt in der **Bilanz.** Dabei werden die im Inventar detailliert aufgeführten Vermögens- und Schuldenteile in Form von verschiedenen Bilanzpositionen zusammengefasst.

Im Begriff Bilanz steckt das italienische Wort *bilancia* (Waage), womit ausgedrückt werden soll, dass die Summe der Aktiven mit der Summe der Passiven im Gleichgewicht steht.

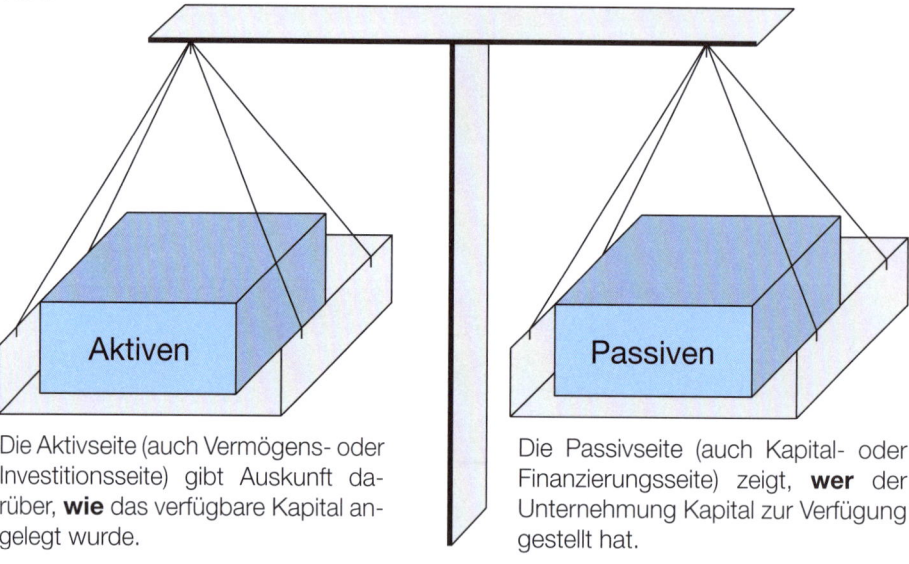

Die Aktivseite (auch Vermögens- oder Investitionsseite) gibt Auskunft darüber, **wie** das verfügbare Kapital angelegt wurde.

Die Passivseite (auch Kapital- oder Finanzierungsseite) zeigt, **wer** der Unternehmung Kapital zur Verfügung gestellt hat.

Beispiel

Aufgrund des Inventars des CD-Shops auf Seite 11 kann durch Zusammenzug der einzelnen Vermögens- und Schuldenteile die Bilanz vom 31. 12. 20_1 errichtet werden:

Aktiven ❷	Bilanz vom 31. 12. 20_1 ❶		Passiven ❸		
Umlaufvermögen			**Fremdkapital**		
Kasse	2 800		Kreditoren ❺	6 000	
Post	7 500		Hypotheken	180 000	186 000
Debitoren ❹	800				
Vorräte	16 000	27 100			
Anlagevermögen			**Eigenkapital**		
Mobilien ❻	16 600		Eigenkapital		157 700
Immobilien ❼	300 000	316 600			
		343 700 ❽			343 700 ❽

❶ Die Bilanz wird immer auf einen bestimmten Zeitpunkt erstellt. Sie ist einer Fotografie vergleichbar, die nur einen Augenblick festhalten kann. Der häufigste **Bilanzstichtag** ist der 31. Dezember.

❷ Aktiven (Vermögen)	❸ Passiven (Kapital)
Die Aktiven zeigen das für die Unternehmungstätigkeit zur Verfügung stehende **Vermögen**. Sie werden in Umlauf- und Anlagevermögen gegliedert.	Die Passiven zeigen die Ansprüche der Geldgeber am Unternehmensvermögen. Sie werden in Fremd- und Eigen**kapital** gegliedert.
Umlaufvermögen	**Fremdkapital (Schulden)**
Zum Umlaufvermögen gehören die flüssigen Mittel (Kasse, Post, Bankguthaben) und die Vermögensteile (z. B. Debitoren, Vorräte), die innerhalb eines Jahres zur Umwandlung in flüssige Mittel bestimmt sind.	Unter Fremdkapital oder **Schulden** werden die Ansprüche aussenstehender Geldgeber am Unternehmensvermögen zusammengefasst. Das Fremdkapital wird nach der Fälligkeit der Rückzahlung geordnet (früher fällige Ansprüche werden zuerst aufgezählt).
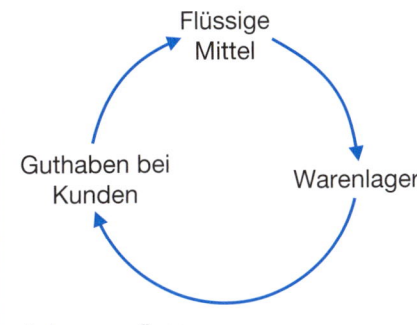	
	Eigenkapital (Reinvermögen)
	Unter Eigenkapital versteht man die Eigentümeransprüche am Unternehmensvermögen. Es entspricht der Differenz zwischen dem Total der Aktiven und dem Fremdkapital.
Anlagevermögen	Aktiven (Vermögen)
Das Anlagevermögen, auch stehendes Vermögen genannt, umfasst die Vermögensteile, die der Unternehmung für lange Zeit (meistens über ein Jahr) zur Nutzung bereitstehen (z. B. Büroeinrichtung, Geschäftsliegenschaft).	./. Fremdkapital (Schulden)
	Eigenkapital (Reinvermögen)

❹ **Debitoren** sind Guthaben gegenüber Kunden. Sie entstehen aus Verkäufen, die nicht sofort bar bezahlt werden.

❺ **Kreditoren** sind Schulden bei Lieferanten. Sie entstehen aus Käufen, die nicht sofort bezahlt werden.

❻ **Mobilien** sind Büro- und Ladeneinrichtungen.

❼ **Immobilien** sind Liegenschaften. Sie umfassen die Gebäude (manchmal nur Stockwerke) und Grundstücke.

❽ Die **Bilanzsumme** stellt das Total der in Franken bewerteten Aktiven dar, das dem Total der Passiven entsprechen muss.

Aus der Zusammensetzung der Aktiven und Passiven kann auf die Art und die **Branchenzugehörigkeit** der Unternehmung geschlossen werden. Die branchentypischen Bilanzpositionen sind blau hervorgehoben.

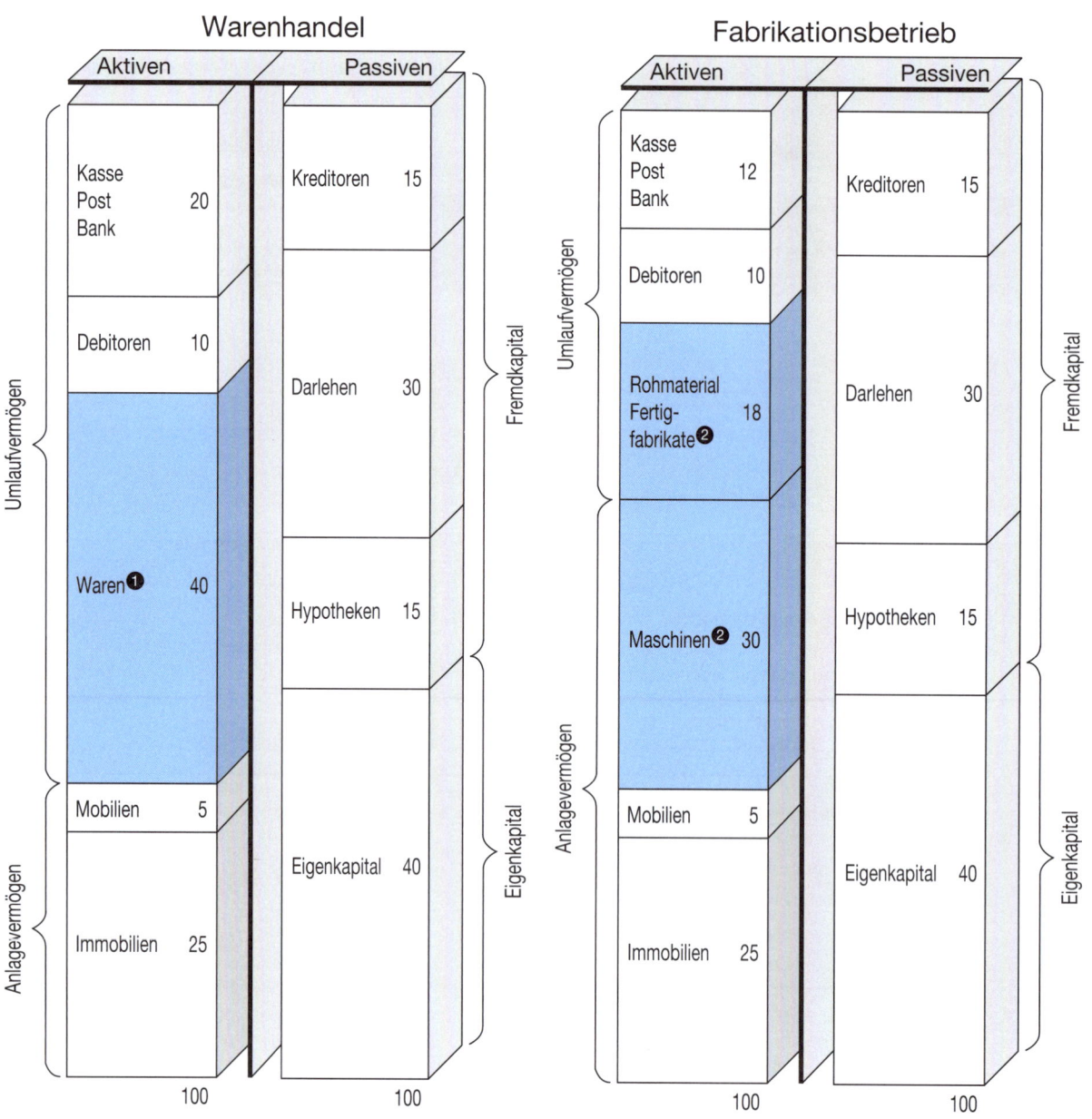

❶ Der Händler kauft Waren ein und verkauft diese an seine Kunden weiter, ohne die Waren zu verändern. Im Handelsbetrieb werden deshalb normalerweise keine Maschinen eingesetzt. (Ausnahmen sind zum Beispiel Verpackungsmaschinen und Maschinen für kleine Reparaturen.)

❷ Ein Fabrikationsbetrieb kauft Rohmaterial ein und stellt mithilfe von Arbeitskraft und Maschinen ein Produkt (Fertigfabrikat) her. Deshalb setzen sich die Vorräte bei Industriebetrieben aus Rohmaterial sowie Fertigfabrikaten zusammen, und die Maschinen sind eine wesentliche Bilanzposition.

Die Zusammensetzung des Eigenkapitals gibt Auskunft über die **Rechtsform**❶ der Unternehmung.

Einzelunternehmung	Kollektivgesellschaft	Aktiengesellschaft	Gesellschaft mit beschränkter Haftung
Fremdkapital	**Fremdkapital**	**Fremdkapital**	**Fremdkapital**
Kreditoren 70	Kreditoren 70	Kreditoren 70	Kreditoren 70
Bankschuld 30	Bankschuld 30	Bankschuld 30	Bankschuld 30
Hypotheken 100	Hypotheken 100	Hypotheken 100	Hypotheken 100
Eigenkapital❷	**Eigenkapital**❸	**Eigenkapital**❹	**Eigenkapital**❺
Eigenkapital 400	Kapital Müller 150	Aktienkapital 300	Stammkapital 300
	Kapital Moser 250	Reserven 95	Reserven 95
		Gewinnvortrag 5	Gewinnvortrag 5
600	600	600	600

❶ Die verschiedenen Rechtsformen von Unternehmungen sind im Obligationenrecht geregelt. Die Wahl einer bestimmten Rechtsform ist abhängig von verschiedenen Gesichtspunkten:
  – Grösse der Unternehmung, Kapitalbedarf
  – Haftung/Risiko der Unternehmer
  – steuerliche Belastung
  – Wunsch nach Anonymität der Unternehmer
  – Regelung der Nachfolge/Erben

❷ Die Einzelunternehmung gehört einem einzelnen Geschäftsinhaber. Darum ist das Eigenkapital nicht weiter gegliedert.

❸ Eine Kollektivgesellschaft gehört zwei oder mehr Teilhabern. In den unter dem Eigenkapital aufgeführten Bilanzpositionen kommt zum Ausdruck, wie viel Kapital jeder Gesellschafter eingebracht hat.

❹ Die AG ist eine juristische Person, an der ein Aktionär oder mehrere Aktionäre beteiligt sind. Das Aktienkapital entspricht dem Grundkapital, das die Aktionäre einbezahlt haben. Wenn die Aktiengesellschaft Gewinne erzielt und diese zurückbehält, d.h. nicht an die Aktionäre ausschüttet, entstehen Reserven. Der Gewinnvortrag ist ein kleiner Gewinnrest, der auf das nächste Jahr übertragen wird.

❺ Die Gesellschaft mit beschränkter Haftung (GmbH) ist eine juristische Person, an der ein oder mehrere Gesellschafter beteiligt sind. Wie bei der AG besteht keine persönliche Haftung für die Gesellschafter.

3 Die Auswirkungen von Geschäftsfällen auf die Bilanz

Die Bilanz ist eine Momentaufnahme des Vermögens- und Kapitalbestandes einer Unternehmung. Während des Geschäftsjahres wird sie durch Geschäftsfälle verändert.

Beispiel U. Dürr hat auf den 1. Januar 20_1 ein Schreibbüro eröffnet und zu diesem Zweck Fr. 10 000.– auf ein Bankkonto einbezahlt.

Wie wirken sich die Geschäftsfälle auf die Bilanz aus?

Geschäftsfälle	Bilanzen				Auswirkungen in der Bilanz
	a	Bilanz 1.1.		p	
1.1. Eröffnung durch Kapitaleinlage	Bank	10 000	Eigenkapital	10 000	+ Aktiven + Passiven = Kapitalbeschaffung
	a	Bilanz 3.1.		p	
3.1. Kauf von Mobiliar für Fr. 5 000.– auf Kredit	Bank Mobiliar	10 000 5 000 15 000	Kreditoren Eigenkapital	5 000 10 000 15 000	+ Aktiven + Passiven = Kapitalbeschaffung
	a	Bilanz 14.1.		p	
14.1. An die Kreditoren werden Fr. 2 000.– durch die Bank überwiesen	Bank Mobiliar	8 000 5 000 13 000	Kreditoren Eigenkapital	3 000 10 000 13 000	– Aktiven – Passiven = Kapitalrückzahlung
	a	Bilanz 15.1.		p	
15.1. U. Dürr überweist vom Bankkonto Fr. 1 000.– aufs neu eröffnete Postkonto	Post Bank Mobiliar	1 000 7 000 5 000 13 000	Kreditoren Eigenkapital	3 000 10 000 13 000	+ Aktiven – Aktiven = Aktivtausch
	a	Bilanz 16.1.		p	
16.1. Erhöhung der Kapitaleinlage durch Begleichung einer Kreditorenrechnung ab dem privaten Sparkonto Fr. 2 000.–	Post Bank Mobiliar	1 000 7 000 5 000 13 000	Kreditoren Eigenkapital	1 000 12 000 13 000	– Passiven + Passiven = Passivtausch

Bei allen Geschäftsfällen bleibt die Bilanzgleichung erhalten, da ein Geschäftsfall immer zwei Bilanzpositionen zugleich verändert!

4 Die Aktiv- und Passivkonten

Durch die Geschäftsfälle werden die Aktiven und Passiven laufend verändert. Es wäre natürlich viel zu aufwendig, nach jedem Geschäftsfall wieder eine neue Bilanz zu erstellen. In der Praxis werden die Vorgänge deshalb nur gerade bei jenen Bilanzpositionen festgehalten, die sich durch den Geschäftsfall verändern. Dazu führt man für jeden Bilanzposten **ein Konto,** das heisst eine zweiseitige Rechnung für die Aufzeichnung der durch die Geschäftsfälle verursachten Zu- und Abnahmen.

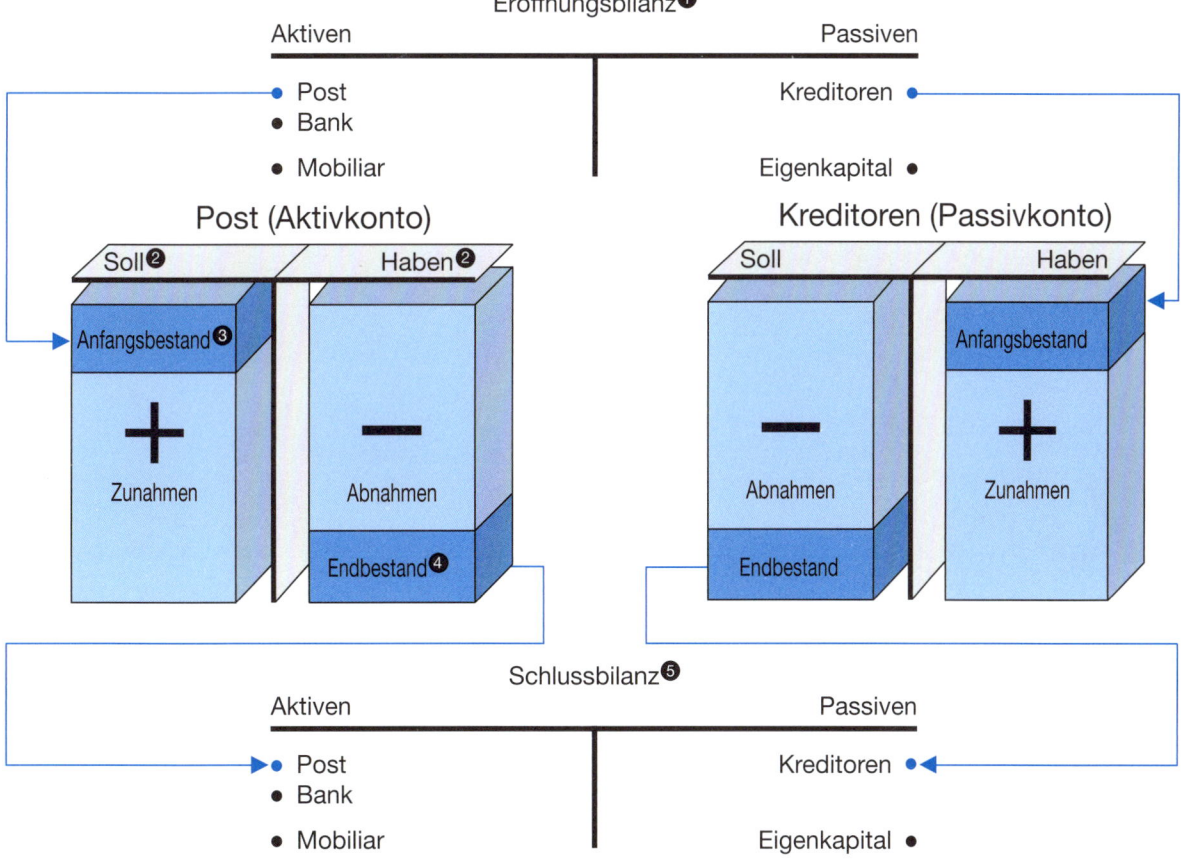

❶ Unter Eröffnungsbilanz versteht man die Bilanz, mit welcher eine neue Rechnungsperiode eröffnet wird, in der Regel am 1.1. für das neue Geschäftsjahr.

❷ Das Soll bezeichnet immer die **linke** Seite, das Haben immer die **rechte** Seite des Kontos.

❸ Die Anfangsbestände werden aus der Eröffnungsbilanz übernommen.

❹ Die Endbestände (= Salden) ergeben sich als Differenz zwischen Soll- und Haben-Seite. Sie gleichen das Konto aus und werden in die Schlussbilanz übertragen.

❺ Unter Schlussbilanz versteht man die Momentaufnahme aller Vermögens- und Kapitalbestände einer Unternehmung am Ende einer Rechnungsperiode, in der Regel am Schluss des Geschäftsjahres am 31.12. Zur besseren Überwachung des Geschäftsganges werden immer häufiger auch Quartals- oder Halbjahresabschlüsse durchgeführt. Die Schlussbilanz wird zur Eröffnungsbilanz für die neue Periode.

Die folgenden zwei Beispiele zeigen die Verbuchung der Geschäftsfälle in den Aktiv- und Passivkonten:

Postkonto (= Aktivkonto)

Datum	Text	Betrag	
		Soll	Haben
1.1.	Saldovortrag aus dem Vorjahr (Anfangsbestand)	4 200.–	
25.1.	Überweisung von Debitor Meier, Aarau	3 100.–	
7.2.	Barbezug am Postomat		1 000.–
4.3.	Zahlung an Kreditor Hug, Thun		2 200.–
28.3.	Mietzinseinnahmen	3 600.–	
31.3.	Saldo (Endbestand)		7 700.–
		10 900.–	10 900.–
1.4.	Saldovortrag (Anfangsbestand)	7 700.–	

Kreditorenkonto (= Passivkonto)

Datum	Text	Betrag	
		Soll	Haben
1.1.	Saldovortrag aus dem Vorjahr (Anfangsbestand)		7 500.–
4.3.	Postzahlung an Lieferant Hug, Thun	2 200.–	
10.3.	Rechnung von U. Bucheli, St. Gallen		1 700.–
15.3.	Bankzahlung an A. Riniker, Zürich	3 500.–	
21.3.	Rabatt von U. Bucheli, St. Gallen	170.–	
31.3.	Saldo (Endbestand)	3 330.–	
		9 200.–	9 200.–
1.4.	Saldovortrag (Anfangsbestand)		3 330.–

Die **Buchungsregeln** für die Aktiv- und Passivkonten verhalten sich spiegelbildlich zueinander.

Der Geschäftsgang des Schreibbüros U. Dürr (siehe Kapitel 3) kann nun mithilfe des **Hauptbuches** aufgezeichnet werden. Unter Hauptbuch versteht man die Gesamtheit aller für die Verbuchung der Geschäftsfälle notwendigen Konten.

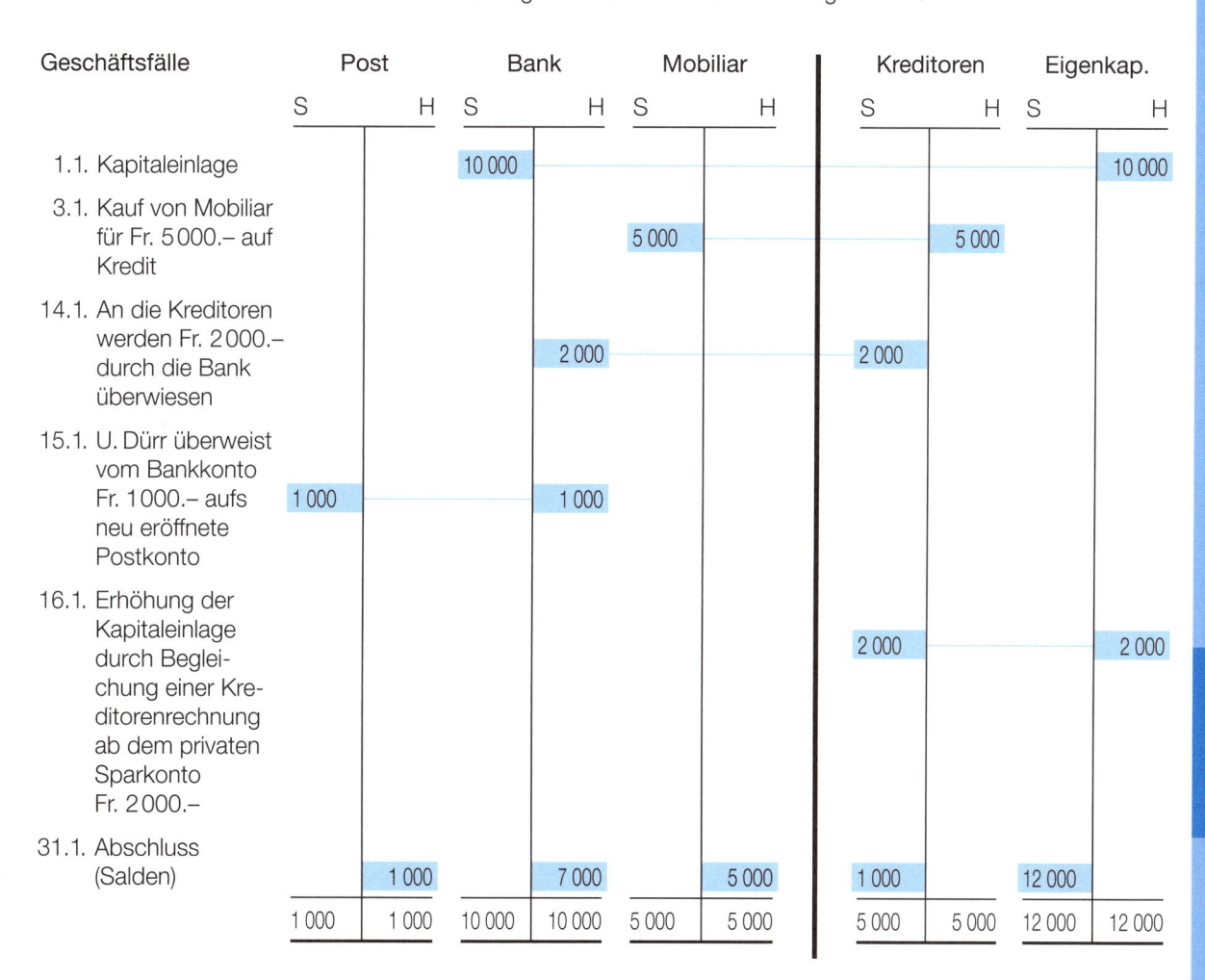

Geschäftsfälle	Post S	Post H	Bank S	Bank H	Mobiliar S	Mobiliar H	Kreditoren S	Kreditoren H	Eigenkap. S	Eigenkap. H
1.1. Kapitaleinlage			10 000							10 000
3.1. Kauf von Mobiliar für Fr. 5000.– auf Kredit					5 000			5 000		
14.1. An die Kreditoren werden Fr. 2000.– durch die Bank überwiesen				2 000			2 000			
15.1. U. Dürr überweist vom Bankkonto Fr. 1000.– aufs neu eröffnete Postkonto	1 000			1 000						
16.1. Erhöhung der Kapitaleinlage durch Begleichung einer Kreditorenrechnung ab dem privaten Sparkonto Fr. 2000.–							2 000			2 000
31.1. Abschluss (Salden)		1 000		7 000		5 000	1 000		12 000	
	1 000	1 000	10 000	10 000	5 000	5 000	5 000	5 000	12 000	12 000

Schlussbilanz 31.1.

Aktiven		Passiven	
Post	1 000	Kreditoren	1 000
Bank	7 000	Eigenkapital	12 000
Mobiliar	5 000		
	13 000		13 000

Jeder Geschäftsfall bewirkt eine Soll- und eine Haben-Eintragung. Daraus ergibt sich: Die Summe aller Soll-Eintragungen entspricht der Summe aller Haben-Eintragungen.

TOTAL SOLL = TOTAL HABEN

Grundlage für die Verbuchung des einzelnen Geschäftsfalles bildet der Buchungsbeleg; das kann eine Faktura (Rechnung), eine Quittung, ein Lieferschein, eine Belastungsanzeige, eine Gutschrift usw. sein. Auf diesen Belegen wird mit einem **Kontierungsstempel** ein Aufdruck angebracht, in dem die Konten notiert werden, welche durch den Geschäftsfall eine Veränderung erfahren. Auch hier gilt die Regel, dass Soll- und Haben-Eintragungen übereinstimmen müssen.

Beispiel An die Kreditoren werden Fr. 2 000.– durch die Bank überwiesen.

```
Zürcher Kantonalbank
FILIALE ALTSTETTEN
8048 ZUERICH
044 462 35 22
Internet www.zkb.ch

KONTO-NR: 1111-0321.456
U. DUERR
                                      1102-0114-0001-0001


                                      SCHREIBBUERO
                                      U. DUERR
                                      FROEHLICHSTR. 10

                                      8049 ZUERICH


                                      8049 ZUERICH, 14.01.20__

BELASTUNGSANZEIGE         WERT    14.01.20__    SFR          2,000.00
_____

BEGUENSTIGTER:
KELLER ALFONS
BERGSTR. 20
8953 DIETIKON

ZAHLUNGSGRUND:
IHRE RECHNUNG VOM 3.01.20__
```

Konto	Soll	Haben
Kreditoren	2000.–	
Bank		2000.–
	2000.–	2000.–

```
                          MIT FREUNDLICHEN GRUESSEN
                          ZUERCHER KANTONALBANK

                          ANZEIGE OHNE UNTERSCHRIFT
```

Um die Verbuchung eines Geschäftsfalles so kurz wie möglich darzustellen, bedient man sich des **Buchungssatzes.** Dabei wird zuerst das Konto aufgeführt, in das die Soll-Eintragung erfolgt, und nachher das Konto mit der Haben-Eintragung.

Beispiel Buchungssatz

| Kreditoren / Bank | Fr. 2 000.– ❶ |
| (Soll-Eintragung) (Haben-Eintragung) | (Betrag) |

Die Aufzeichnung der Geschäftsfälle in chronologischer (d.h. zeitlich geordneter) Reihenfolge geschieht im **Journal.** Nebst dem Geschäftsfall wird hier auch der Buchungssatz festgehalten, was das Auffinden von Fehlbuchungen stark erleichtert.

Journal (Beispiel für die Geschäftsfälle des Schreibbüros Dürr, vgl. Seite 19) ❷

Datum	Buchungssatz		Text	Betrag
	Soll	Haben		
1.1.	Bank	Eigenkapital	Kapitaleinlage	10 000.–
3.1.	Mobiliar	Kreditoren	Kauf von Mobiliar auf Kredit	5 000.–
14.1.	Kreditoren	Bank	Banküberweisung an die Kreditoren	2 000.–
15.1.	Post	Bank	Überweisung von der Bank auf die Post	1 000.–
16.1.	Kreditoren	Eigenkapital	Zahlung an Kreditoren durch Geschäftsinhaber	2 000.–

❶ Schriftlich werden die Soll- und die Haben-Eintragung durch einen Schrägstrich voneinander getrennt. Mündlich heisst dieser Buchungssatz: «Kreditoren **an** Bank, 2000».

❷ Journal und Hauptbuch werden nebeneinander geführt: Im Journal werden die Geschäftsfälle in **zeitlicher Reihenfolge** festgehalten. Im Hauptbuch werden die Geschäftsfälle **nach Konten geordnet** festgehalten.

5 Die Erfolgsrechnung

Die bisherigen Geschäftsfälle bewirkten nur Vermögens- und Kapitalveränderungen, also nur Buchungen innerhalb von Aktiven und Passiven; es entstanden weder Gewinne noch Verluste. Ziel der meisten Unternehmungen ist es jedoch, Güter und Dienstleistungen günstig zu produzieren und mit Gewinn zu verkaufen.

Durch die Produktion und den Verkauf von Gütern und Dienstleistungen entstehen Aufwendungen und Erträge. Diese werden einander in der Erfolgsrechnung gegenübergestellt, damit der Erfolg (Gewinn oder Verlust) ermittelt werden kann.

Erfolgsrechnung

Aufwand
Für die Produktion von Gütern und Dienstleistungen werden Arbeitskräfte und Vermögenswerte eingesetzt sowie Dienstleistungen anderer beansprucht. Das verursacht unter anderem Lohnzahlungen, Materialverbrauch, Abnützung von Anlagen und Mietzinszahlungen. Dieser **Wertverzehr** wird in der Buchhaltung als Aufwand bezeichnet.

Ertrag
Durch den Verkauf von Gütern und Dienstleistungen entsteht ein **Wertzuwachs,** der in der Buchhaltung als Ertrag bezeichnet wird.

Erfolgsrechnung der Autofahrschule Anna Weiner

Aufwand	Erfolgsrechnung für 20_4 ❶		Ertrag
Personalaufwand	65 000	Ertrag Fahrstunden	115 000
Mietaufwand	4 000		
Zinsaufwand	3 000		
Unterhalt und Reparaturen Auto	9 000		
Abschreibung Auto ❷	10 000		
Autosteuern und -versicherungen	2 000		
Treibstoffverbrauch	12 000		
Büro- und Verwaltungsaufwand	2 000		
Inserate	5 000		
Gewinn ❸	**3 000**		
	115 000		115 000

❶ Die Erfolgsrechnung wird auch als Gewinn- und Verlustrechnung bezeichnet, weil sie als Saldo den Gewinn bzw. den Verlust zeigt.

Die Zahlen der Erfolgsrechnung beziehen sich immer auf einen bestimmten **Zeitraum,** auf eine Periode. Hier handelt es sich um die Erfolgsrechnung für ein Jahr (20_4). Viele Unternehmungen erstellen auch monatliche oder vierteljährliche Erfolgsrechnungen.

Für die Reihenfolge der Positionen in der Erfolgsrechnung gibt es weniger klare Richtlinien als bei der Bilanzgliederung. Häufig reiht man die Positionen nach ihrer Bedeutung, d.h. nach ihrer Höhe auf. In vielen Branchen werden Erfolgsrechnungen nach einheitlichem Muster erstellt.

❷ Güter, die während mehrerer Jahre gebraucht werden können, also Anlagegüter wie Fahrzeuge, Mobilien, Maschinen und Immobilien, bucht man beim Kauf als Zunahme des Anlagevermögens (Aktivzugang). Den Wertverzehr infolge Abnutzung oder technischen Veraltens erfasst man über die **Abschreibung** als Aufwand.

❸ Der Gewinn ist als Saldo zum Ausgleich der Erfolgsrechnung eingetragen. Im Gegensatz zum allgemeinen Sprachgebrauch, wo «erfolgreich sein» als etwas Positives empfunden wird, ist in der Buchhaltung auch ein negativer Erfolg, d.h. ein Verlust, möglich.

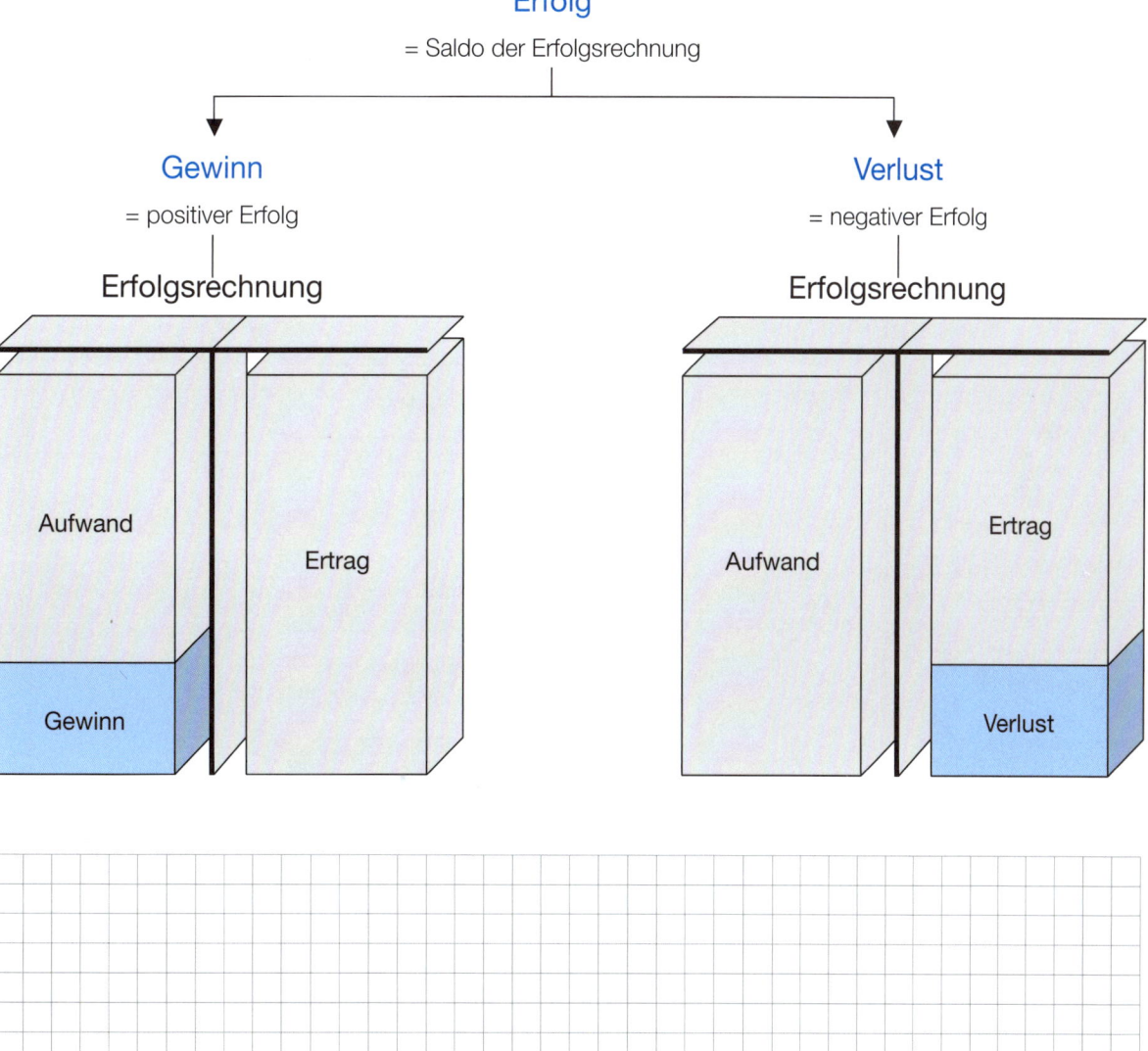

Beispiele von Erfolgsrechnungen

Die branchentypischen Positionen sind hellblau herausgehoben.

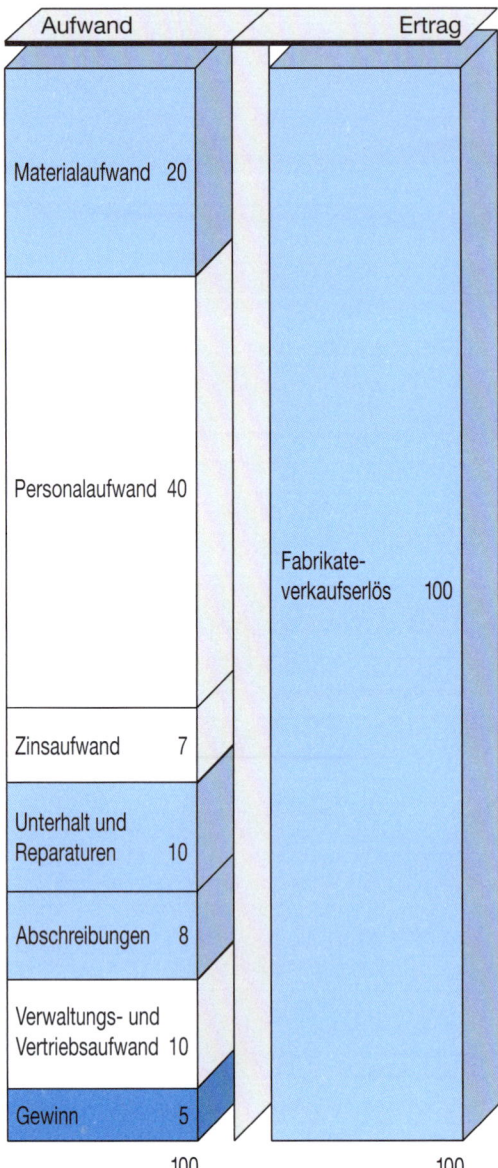

❶ Der **Warenaufwand** (auch **Wareneinkauf** genannt) zeigt, wie viel die den Kunden in der Abrechnungsperiode gelieferte Ware den Händler bei der Beschaffung gekostet hat.

❷ Der **Personalaufwand** umfasst die Löhne, Gehälter und Saläre sowie die Beiträge für die Alters- und Hinterbliebenenversicherung (AHV), die Invalidenversicherung (IV), die Erwerbsersatzordnung (EO), die Arbeitslosenversicherung (ALV), die Unfallversicherung sowie die Pensionskasse.

❸ Zum **Verwaltungs- und Vertriebsaufwand** zählen Ausgaben für Büromaterial, Telefon, Porti, Drucksachen, Inserate und Ähnliches.

6 Die Aufwands- und Ertragskonten

Für Aufwand und Ertrag werden eigene Konten geführt. Anlass für die Verbuchung während des Jahres geben meistens der Zahlungsvorgang oder die Rechnungsstellung. Die Buchungsregeln für die Aufwands- und Ertragskonten ergeben sich zwangsläufig aus ihrer Verbindung mit den Aktiv- und Passivkonten. Auch hier gilt der Grundsatz, dass jeder Soll-Buchung eine entsprechende Haben-Buchung gegenüberstehen muss.

Aufwandsverbuchung

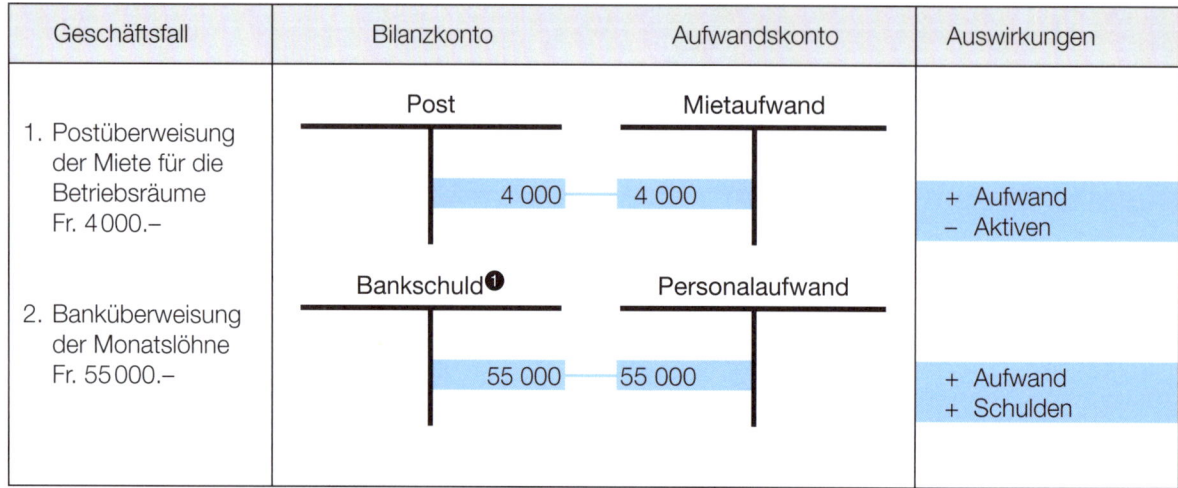

Geschäftsfall	Bilanzkonto	Aufwandskonto	Auswirkungen
1. Postüberweisung der Miete für die Betriebsräume Fr. 4 000.–	Post: 4 000 (Haben)	Mietaufwand: 4 000 (Soll)	+ Aufwand – Aktiven
2. Banküberweisung der Monatslöhne Fr. 55 000.–	Bankschuld ❶: 55 000 (Haben)	Personalaufwand: 55 000 (Soll)	+ Aufwand + Schulden

Die Produktion von Gütern und Dienstleistungen verursacht Aufwand. Dieser wird auf der Soll-Seite der entsprechenden Aufwandskonten verbucht. Die Gegenbuchung erfolgt im Haben eines Bilanzkontos: entweder als Abnahme eines Aktivkontos oder als Zunahme eines Schuldkontos.

> Aufwände sind Vermögensabnahmen oder Schuldenzunahmen. Sie werden in den Aufwandskonten immer im Soll gebucht.

---

❶ Das Bankkonto kann sowohl aktiv (Bankguthaben) als auch passiv (Bankschuld) sein. Das Kreditverhältnis kann während einer Rechnungsperiode je nach Höhe der Gutschriften und Belastungen auch wechseln: Ist die Soll-Seite grösser als die Haben-Seite, handelt es sich um ein Bankguthaben; ist die Haben-Seite grösser als die Soll-Seite, spricht man von einer Bankschuld.

Ertragsverbuchung

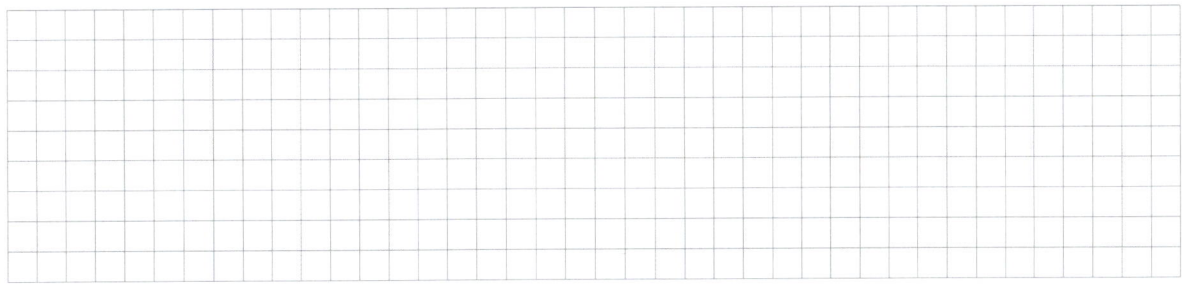

Der Verkauf von Gütern und Dienstleistungen verursacht Ertrag. Dieser wird auf der Haben-Seite der entsprechenden Ertragskonten verbucht. Die Gegenbuchung erfolgt im Soll eines Bilanzkontos: entweder als Zunahme eines Aktivkontos oder als Abnahme eines Schuldkontos.

> Erträge sind Vermögenszugänge oder Schuldenabnahmen. Sie werden in den Ertragskonten immer im Haben gebucht.

Buchungsregeln für die Aufwands- und Ertragskonten❶

Aufwandskonto
Soll | Haben
Aufwandsminderungen❷
+ Zunahmen | Saldo

Ertragskonto
Soll | Haben
Ertragsminderungen❸
Saldo | + Zunahmen

Erfolgsrechnung
Aufwand | Ertrag

In den Erfolgskonten werden die Aufwände und Erträge für einen bestimmten Zeitraum erfasst. Am Ende der Periode werden die Salden dieser Konten in die Erfolgsrechnung übertragen.

> Am Anfang jeder neuen Periode beginnt die Erfassung von Aufwand und Ertrag wieder bei Null. Erfolgskonten weisen deshalb nie einen Anfangsbestand auf.

❶ Aufwands- und Ertragskonten werden als Erfolgskonten bezeichnet.
❷ **Aufwandsminderungen** (Verminderungen des Aufwandes) kommen vor allem bei Waren- und Materialeinkäufen vor (z. B. erhaltene Rabatte und Skonti, Gutschriften für Rücksendungen mangelhafter Ware).
❸ **Ertragsminderungen** (Verminderungen des Ertrages) kommen vor allem bei Verkäufen vor (z. B. gewährte Rabatte und Skonti, Gutschriften für Rücknahmen mangelhafter Ware).

Die folgenden zwei Beispiele zeigen die Verbuchung der Geschäftsfälle in den Aufwands- und Ertragskonten:

Personalaufwand (= Aufwandskonto)

Datum	Text	Betrag	
		Soll	Haben
25. 1.	Lohnzahlungen an die Angestellten über die Bank	18 000.–	
25. 1.	Beiträge an die Sozialversicherungen ❶	4 000.–	
24. 2.	Lohnzahlungen an die Angestellten über die Bank	18 000.–	
24. 2.	Beiträge an die Sozialversicherungen	4 000.–	
26. 3.	Lohnzahlungen an die Angestellten über die Bank	24 000.–	
26. 3.	Beiträge an die Sozialversicherungen	5 300.–	
31. 3.	Saldo		73 300.–
		73 300.–	73 300.–

Verkaufserlös (= Ertragskonto)

Datum	Text	Betrag	
		Soll	Haben
31. 1.	Total der Verkäufe im Januar		80 000.–
10. 2.	Rücknahmen mangelhafter Ware	1 000.–	
28. 2.	Total der Verkäufe im Februar		70 000.–
25. 3.	Den Kunden nachträglich gewährte Rabatte	3 000.–	
31. 3.	Total der Verkäufe im März		90 000.–
31. 3.	Dem Bund abzuliefernde Mehrwertsteuer (MWST) ❷	16 669.–	
31. 3.	Saldo	219 331.–	
		240 000.–	240 000.–

❶ Beiträge der Arbeitnehmer und der Arbeitgeber für:
  – Alters- und Hinterlassenenversicherung (AHV)
  – Invalidenversicherung (IV)
  – Erwerbsersatzordnung für Militärdienst und Zivilschutz (EO)
  – Arbeitslosenversicherung (ALV)
  – Pensionskasse (Berufliche Vorsorge, BVG)
  – Berufs- und Nichtberufsunfallversicherung (BU und NBU)

❷ In den Verkaufspreisen eingeschlossen ist hier eine MWST von 7,6% (ab 1. 1. 2001). Diese muss der eidg. Steuerverwaltung quartalsweise abgeliefert werden.

7 Der Jahresabschluss

Im System der doppelten Buchhaltung werden die Bilanz und die Erfolgsrechnung miteinander verknüpft. Weil jeder erfolgswirksame Geschäftsfall zugleich ein Bilanz- und ein Erfolgskonto verändert, muss in beiden Rechnungen derselbe Erfolg resultieren.

Beispiel

Die Buchhaltung des Taxiunternehmens T. Maurer wird gemäss Angaben a) bis e) für das Jahr 20_1 geführt. Die Verbuchung ist auf der nebenstehenden Seite dargestellt. Die Zahlen verstehen sich in Fr. 1000.–. Der Geschäftsverkehr ist stark zusammengefasst worden.

a) Die Eröffnungsbilanz für 20_1 lautet:

   Aktiven: Kasse 3, Auto 17

   Passiven: Bank 5, Eigenkapital 15

b) Die Konten des Hauptbuches werden eröffnet. (Die Anfangsbestände sind mit AB in die Konten eingetragen.)

c) Der Geschäftsverkehr wird aufgrund des folgenden Journals in den Konten des Hauptbuches verbucht. (Nummern ① bis ⑥)

Nr.	Buchungssatz		Text	Betrag
	Soll	Haben		
①	Übriger Aufwand	Bank	Autosteuern, Versicherungen und Taxifunk	7
②	Kasse	Fahrgeldertrag	Einnahmen aus Taxifahrten	106
③	Personalaufwand	Kasse	Lohnbezüge	54
④	Bank	Kasse	Einlagen auf die Bank	47
⑤	Übriger Aufwand	Bank	Benzin, Unterhalt, Reparaturen und übriger Betriebsaufwand	36
⑥	Abschreibungen	Auto	Abschreibungen	7

d) Die Konten des Hauptbuches werden abgeschlossen und die Salden auf die Schlussbilanz und die Erfolgsrechnung übertragen.

e) In der Bilanz wird der Erfolg als Überschuss des Vermögens über das eingesetzte Kapital ermittelt; die Erfolgsrechnung zeigt die Entstehung des Erfolgs als Differenz zwischen Aufwand und Ertrag.

Bilanzkonten

a	Eröffnungsbilanz 1. 1. 20_1		p
Kasse	3	Bank	5
Auto	17	Eigenkapital	15
	20		20

Kasse

AB	3	③	54
②	106	④	47
		Saldo	8
	109		109

Bank

④	47	AB	5
Saldo	1	①	7
		⑤	36
	48		48

Auto

AB	17	⑥	7
		Saldo	10
	17		17

Eigenkapital

Saldo	15	AB	15

a	Schlussbilanz 31. 12. 20_1		p
Kasse	8	Bank	1
Auto	10	Eigenkapital	15
		Gewinn	2
	18		18

Erfolgskonten

Da die Erfassung von Aufwand und Ertrag bei Null beginnt, werden die Erfolgskonten nicht eröffnet.

Personalaufwand

③	54	Saldo	54

Fahrgeldertrag

Saldo	106	②	106

Übriger Aufwand

①	7	Saldo	43
⑤	36		
	43		43

Abschreibungen

⑥	7	Saldo	7

A	Erfolgsrechnung 20_1		E
Personalaufwand	54	Fahrgeldertrag	106
Übriger Aufwand	43		
Abschreibungen	7		
Gewinn	2		
	106		106

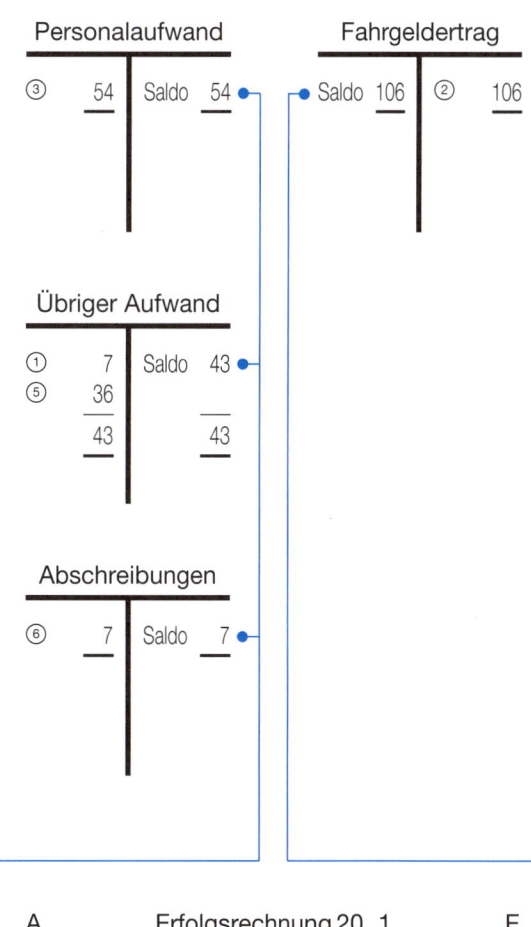

Erfolgswirksame Buchungen haben einen Einfluss auf Bilanz *und* Erfolgsrechnung:

– Durch den Ertrag nimmt das Vermögen zu oder das Fremdkapital ab.
– Durch den Aufwand nimmt das Vermögen ab oder das Fremdkapital zu.

Deshalb wird auch der Erfolg (im Beispiel ein Gewinn) doppelt nachgewiesen:

– in der Erfolgsrechnung als Überschuss des Ertrages über den Aufwand
– in der Schlussbilanz als Zunahme des Eigenkapitals (Reinvermögens) gegenüber der Eröffnungsbilanz.

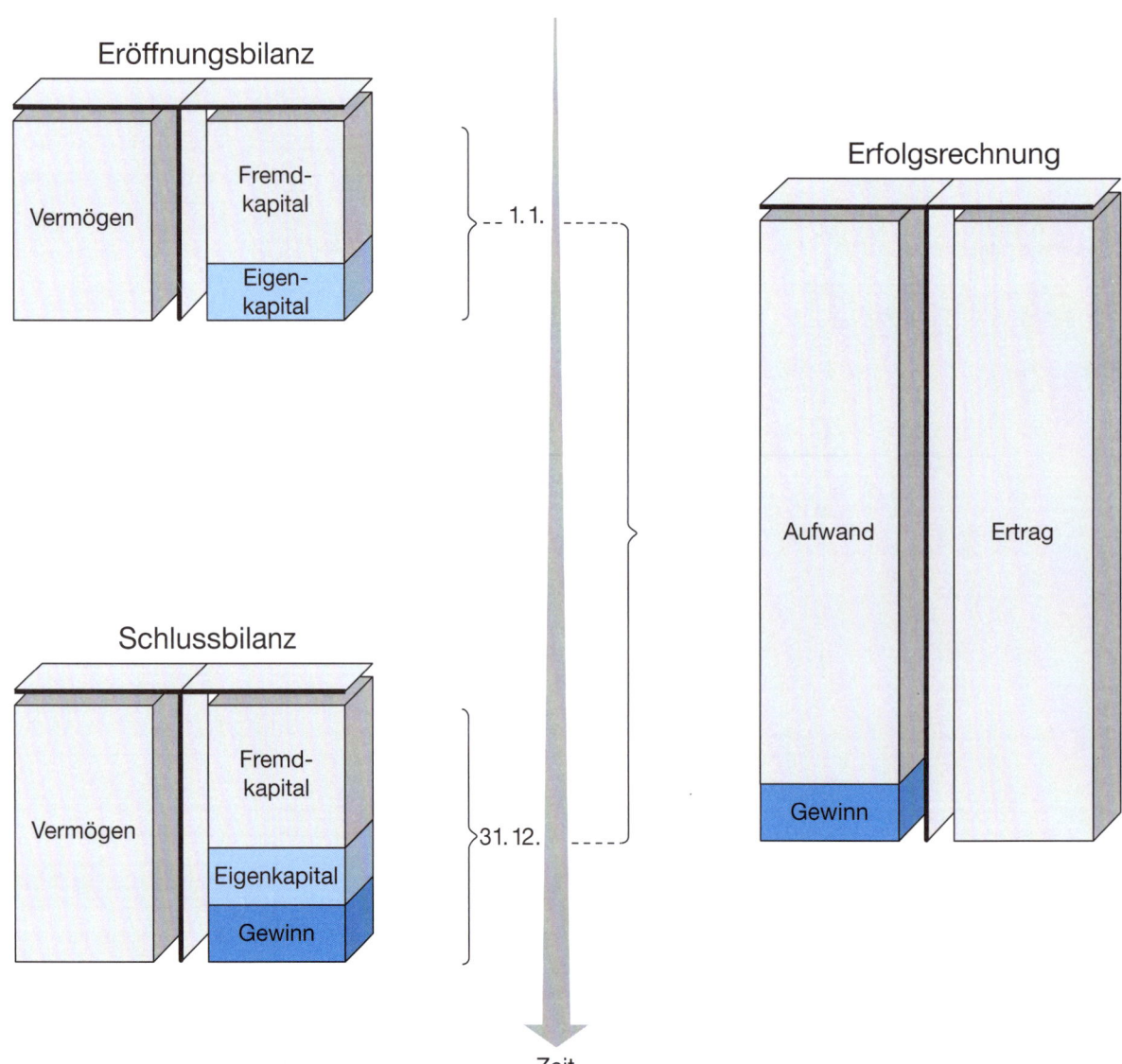

Die **Verbuchung des Erfolgs** geschieht auf zwei Arten:

Beispiel 1

Verbuchung eines Gewinnes

Schlussbilanz vor Gewinnverbuchung

a		p	
Flüssige Mittel	10	Fremdkapital	50
Übrige Aktiven	80	Eigenkapital	35
		Gewinn	5
	90		90

↓

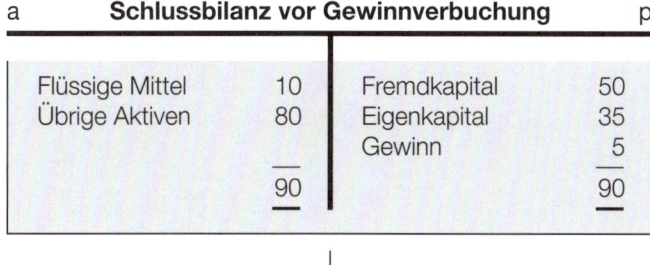

Der Gewinn wird zum Eigenkapital geschlagen.

Buchungssatz: Erfolgsrechnung/Eigenkapital 5

Schlussbilanz nach Gewinnverbuchung

a		p	
Flüssige Mittel	10	Fremdkapital	50
Übrige Aktiven	80	Eigenkapital	40
	90		90

Beispiel 2

Verbuchung eines Verlustes

Schlussbilanz vor Verlustverbuchung

a		p	
Flüssige Mittel	10	Fremdkapital	50
Übrige Aktiven	70	Eigenkapital	35
Verlust	5		
	85		85

↓

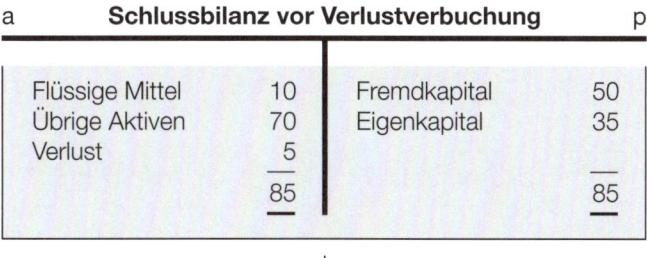

Der Verlust wird mit dem Eigenkapital verrechnet.

Buchungssatz: Eigenkapital/Erfolgsrechnung 5

Schlussbilanz nach Verlustverbuchung

a		p	
Flüssige Mittel	10	Fremdkapital	50
Übrige Aktiven	70	Eigenkapital	30
	80		80

7

Aufgaben

1 Vermögen, Fremd- und Eigenkapital

1.1 Über die Vermögenslage eines Jugendlichen sind am 20. August 20_1 folgende Angaben bekannt:

Bargeld Fr. 80.–, Guthaben auf Salärkonto Fr. 220.–, Mountainbike Fr. 300.–, Stereoanlage, CDs, Kassetten, Bücher Fr. 400.–, noch nicht bezahlte Rechnungen Fr. 100.–, Kleider und Schuhe Fr. 500.–, Zimmereinrichtung wie Bett, Pult, Schrank Fr. 600.–.

a) Ermitteln Sie das Vermögen, die Schulden (Fremdkapital) und das Reinvermögen (Eigenkapital) des Jugendlichen, indem Sie den passenden Text mit dem dazugehörenden Betrag ins Schema einsetzen.

Vermögen	Bargeld	Fr. 80	
	Salärkonto	Fr. 220	
	Mountainbike	Fr. 300	
	Stereoanlage, CDs, etc	Fr. 400	
	Kleider und Schuhe	Fr. 500	
	Mobiliar	Fr. 600	Fr. 2100
./. Fremdkapital	Rechnungen		Fr. 100
= Eigenkapital			Fr. 2000

b) Setzen Sie die bei a) ermittelten Totalbeträge für das Vermögen, das Fremd- und das Eigenkapital richtig in die grafische Darstellung ein.

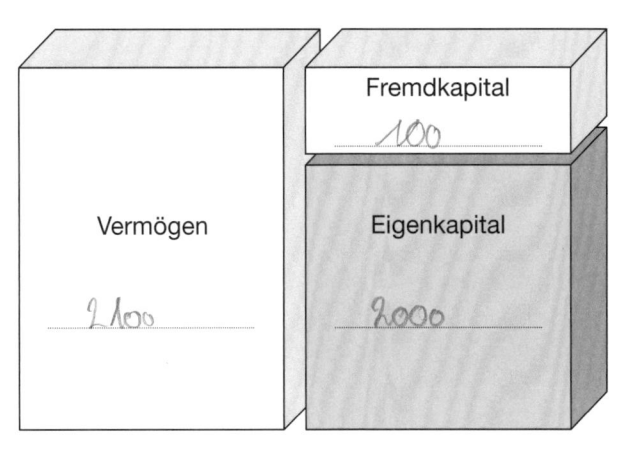

Vermögen: 2100
Fremdkapital: 100
Eigenkapital: 2000

1.2 Das **Inventar** ist ein detailliertes Verzeichnis des Vermögens und der Schulden. Die Unternehmungen sind gemäss Obligationenrecht verpflichtet, am Ende jedes Geschäftsjahres ein Inventar aufzustellen.

Ermitteln Sie aufgrund des unten stehenden am 31. 12. 20_1 aufgenommenen Inventars des Jeans-Ladens JACK & SUE das Vermögen, das Fremd- sowie das Eigenkapital (Lösungshilfe nebenstehend).

Kassenbestand (laut Kassensturz)			1 375.–
Postguthaben (laut Saldomeldung)			3 280.–
Offene Kundenrechnungen			
– A. Fetz, Weiningen		261.–	
– N. Orlando, Regensdorf		145.–	
– A. Isler, Zürich		219.–	
– M. Göhner, Geroldswil		379.–	
– E. Hoffmann, Unterengstringen		229.–	
– C. Knecht, Zürich		438.–	1 671.–
Offene Lieferantenrechnungen			
– Jeans Import, Zürich		2 135.–	
– American Textiles, Basel		1 765.–	
– Hongkong Trade, Zürich		2 100.–	6 000.–
Warenvorräte			
– 170 Paar Levis	zu Fr. 49.–	8 330.–	
– 95 Paar Rifle	zu Fr. 43.–	4 085.–	
– 117 Paar Lee	zu Fr. 39.–	4 563.–	
– 125 Paar Leggings	zu Fr. 29.–	3 625.–	
– 87 Paar Shorts	zu Fr. 27.–	2 349.–	
– 65 Jupes	zu Fr. 41.–	2 625.–	
– 55 Blusen	zu Fr. 35.–	1 925.–	
– 44 Hemden	zu Fr. 28.–	1 232.–	28 774.–
Laden- und Büroeinrichtung			
– 20 Regale	zu Fr. 80.–	1 600.–	
– 1 Verkaufskorpus	zu Fr. 700.–	700.–	
– Büromöbel		3 600.–	5 900.–
Lieferwagen			14 000.–
Darlehen von G. Senn			30 000.–

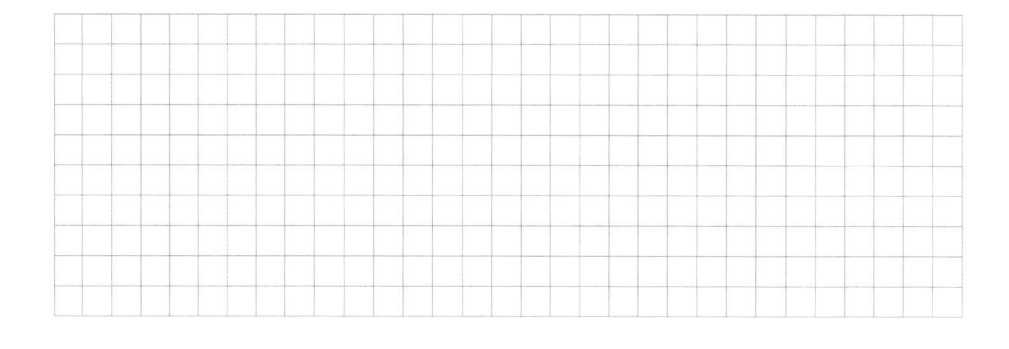

Lösungshilfe zu Aufgabe 1.2

Vermögen

Kassenbestand	1375
Postguthaben	9280
offene Kundenrechnungen	1671
Warenvorräte	28774
Mobilien	5900
Lieferwagen	14'000
	55'000

Fremdkapital (Schulden)

offene Rechnungen	6000
Darlehen von G. Senn	30'000
	36'000

Eigenkapital (Reinvermögen)

19'000

1.3 Von einem Getränkehändler aus Oberrieden liegt am 31.12.20_1 folgendes Inventar vor:

Kassenbestand (laut Kassensturz)		950.–
Bankguthaben (laut Kontoauszug)		8 400.–
Offene Kundenrechnungen		
– C. Ceppi, Bergstrasse 20, 8810 Horgen	78.–	
– R. Högger, Dorfgasse 10, 8810 Horgen	87.–	
– M. Lätsch, Widenweg 3, 8942 Oberrieden	143.–	
– V. Müller, Speerstrasse 24, 8942 Oberrieden	102.–	
– F. Rohrer, Bahnhofstr. 44, 8800 Thalwil	210.–	620.–
Getränkevorräte		
– 1 200 Flaschen zu Fr. –.60	720.–	
– 1 500 Flaschen zu Fr. –.70	1 050.–	
– 2 400 Flaschen zu Fr. –.75	1 800.–	
– 3 300 Flaschen zu Fr. –.90	2 970.–	
– 2 040 Flaschen zu Fr. 1.–	2 040.–	8 580.–
Vorräte an Gebinden		
– 10 640 Flaschen zu Fr. –.50	5 320.–	
– 670 Getränkeharassen zu Fr. 5.–	3 350.–	8 670.–
Büromobiliar (Schreibtisch, Stuhl, Schrank u. Ä.)		3 000.–
Lieferwagen		20 000.–
Geschäftsliegenschaft		500 000.–
Offene Lieferantenrechnungen		
– Mineralquelle Brunnenwasser AG, Bern	2 330.–	
– Brauerei Hopfen und Malz AG, Basel	920.–	
– Mineralquelle Weissenburg AG, Luzern	1 250.–	4 500.–
Hypothekardarlehen❶ der Sparkasse Oberrieden		300 000.–

Ermitteln Sie das Vermögen, das Fremd- und das Eigenkapital (Lösungshilfe nebenstehend).

❶ Darlehen, bei dem die Liegenschaft als Pfand haftet.

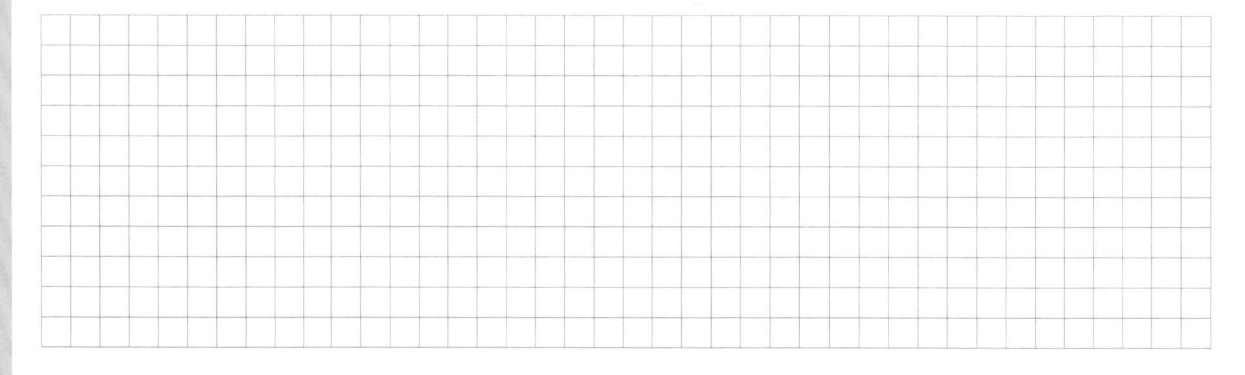

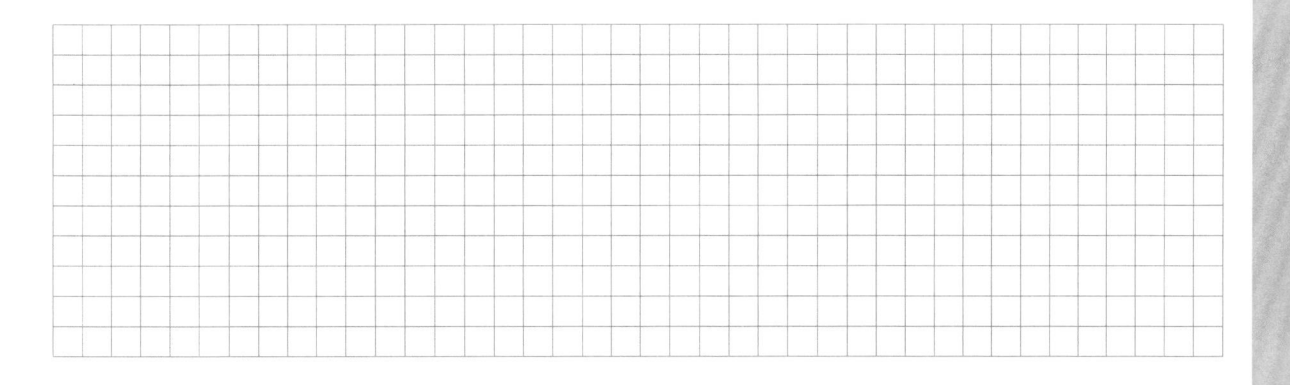

Lösungshilfe zu Aufgabe 1.3

Vermögen		Fremdkapital	
- Kassenbestand	950.-	- Offene Rechnungen	4500
- Bankguthaben	8400.-	- Hypothekardarlehn	300'000
- Offene Kundenrechnungen	620.-		
- Vorräte	8580.-		304'500
	8670.-		
- Mobiliar	8000.-		
- Lieferwagen	20'000.-		
- Immobilien	500'000.-		
	550'220	Eigenkapital	
		Eigenkapital	245'720

1.4 Der Buchhalter verwendet für die meisten Vermögens- und Schuldenpositionen besondere Bezeichnungen.

Schreiben Sie folgende Fachausdrücke neben die passende allgemeine Umschreibung:

- Bank
- Maschinen
- Kasse
- Warenvorrat
- Post
- Mobiliar, Mobilien
- Debitoren
- Kreditoren
- Fertigfabrikatevorrat
- Immobilien, Liegenschaften
- Darlehensschuld
- Hypothek
- Rohmaterialvorrat

Allgemeine Umschreibung	Fachausdruck
Bargeld (Banknoten und Münzen) in der Kasse	Kasse
Guthaben bei der Post	Post
Guthaben bei einer Bank	Bank
Offene Kundenrechnungen	Debitoren
Handelswaren zum Verkauf	Warenvorrat
Rohstoffe zur Verarbeitung	Rohmaterialvorrat
Fertig gestellte Erzeugnisse zum Verkauf	Fertigfabrikatvorrat
Produktionsanlagen, Maschinen	Maschinen
Laden- und Büroeinrichtungen (Pulte, Stühle, Schränke, Büromaschinen)	Mobilien
Geschäfts- und Wohngebäude, Grundstücke	Mobilias
Unbezahlte Lieferantenrechnungen	Kreditoren
Erhaltenes Darlehen	Darlehensschuld
Erhaltenes Darlehen gegen Verpfändung der Liegenschaft	Hypothek

2 Die Bilanz

2.1 Errichten Sie für den Jeans-Shop aus Aufgabe 1.2 aufgrund des Inventars die Bilanz vom 31.12. 20_1. Verwenden Sie dazu die unten stehende Lösungshilfe.

Aktiven	Bilanz vom 31.12. 20_1		Passiven
Vermögen		**Fremdkapital**	
Kassenstand	1575		
Post	3280	offene Rechnungen	6000
Debitoren	1671	Darlehen	30'000
Warenvorräte	28'774		
Mobiliar	5900		36'000
Lieferwagen	14'000		
		Eigenkapital	
	55000		19'000
			55'000.—

2.2 Die Bilanz der Drogerie Waser zeigt folgendes Bild:

Bilanz vom 31.12. 20_1

Aktiven			Passiven		
Umlaufvermögen			**Fremdkapital**		
Kasse	3 000		Kreditoren	1 000	
Post	5 000		Darlehen	10 000	
Debitoren	3 000		Hypotheken	200 000	211 000
Vorräte	35 000	46 000			
Anlagevermögen			**Eigenkapital**		
Mobilien	4 000		Eigenkapital		189 000
Immobilien	350 000	354 000			
		400 000			400 000

a) Was versteht man unter Aktiven?

Das Vermögen, welches der Firma zur Verfügung steht.

b) Was versteht man unter Passiven?

Zeigt, wer Ansprüche auf das Vermögen hat.

c) Nach welchem Gesichtspunkt wurden die Aktiven in Umlauf- und Anlagevermögen aufgeteilt?

– Umlaufvermögen → Geld, welches innert einem Jahr zur Verfügung steht.
– Anlagevermögen → Geld / Vermögen, welches lange zur Verfügung stehen soll.

d) Nach welchem Gesichtspunkt ist das Fremdkapital geordnet?

Nach Fälligkeit der Rückzahlung

e) Bilanz kommt vom italienischen Wort *bilancia* (Waage). Was hat eine Bilanz mit einer Waage zu tun?

Die Summe der aktiven und passiven steht im Gleichgewicht.

2.3 Wie lautet die gut gegliederte Bilanz für diesen **Handelsbetrieb**?
Beträge in Fr. 1000.–. Bilanzstichtag 31.12. 20_1.

Warenvorrat 200, Kreditoren 70, Mobiliar 45, Post 20, Darlehensschuld 15, Fahrzeuge 5, Kasse 5, Debitoren 30, Eigenkapital ?

Aktiv   **Bilanz vom 31.12. 20_1**   Passiv

Umlaufvermögen			Fremdkapital	
Kasse	5		Kreditoren	70
Post	20		Darlehen	15
Debitoren	30			85
Vorräte	200			
		255		
Anlagevermögen			Eigenkapital	
Mobiliar	45		Eigenkapital	220
Fahrzeug	5			
		50		
		305		305

2.4 Wie lautet die gut gegliederte Bilanz für diesen **Fabrikationsbetrieb?**

Bankschuld 45, Kasse 40, Maschinen 180, Kreditoren 80, Immobilien 100, Mobiliar 10, Hypotheken 70, Debitoren 50, Fertigfabrikate 40, Rohmaterial 30, Post 20, Lastwagen 25, Eigenkapital ?

Bilanz vom 31. 12. 20_1

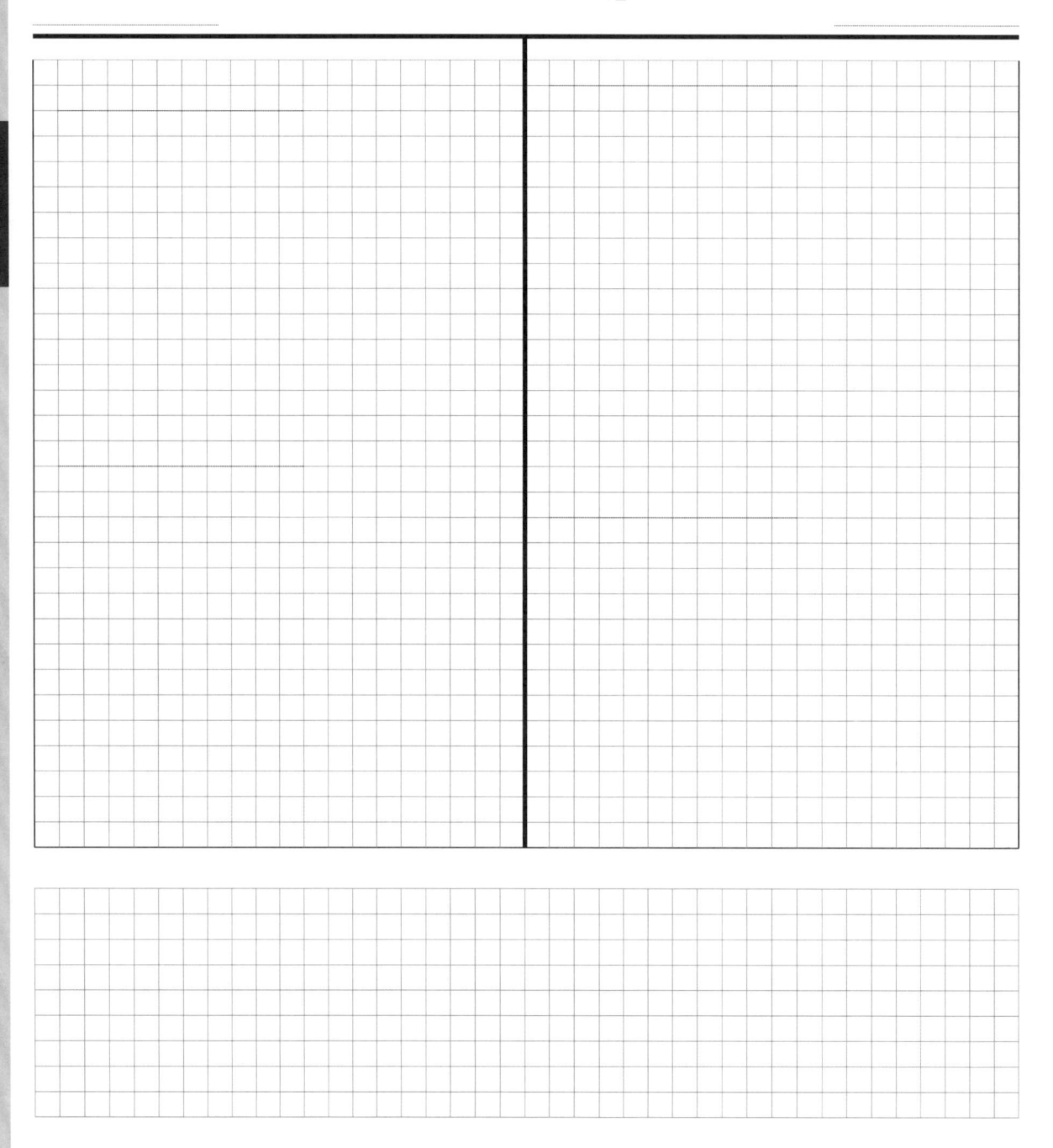

2.5 Wie lautet die Bilanz für dieses **Hotel** per 31. 12. 20_1?

Immobilien 700, Mobilien 100, Hypothek 450, Kreditoren 25, Post 14, Küchenmaschinen und -apparate 80, Geschirr/Besteck/Wäsche 40, Vorräte 30, Debitoren 30, Kasse 6, Eigenkapital ?

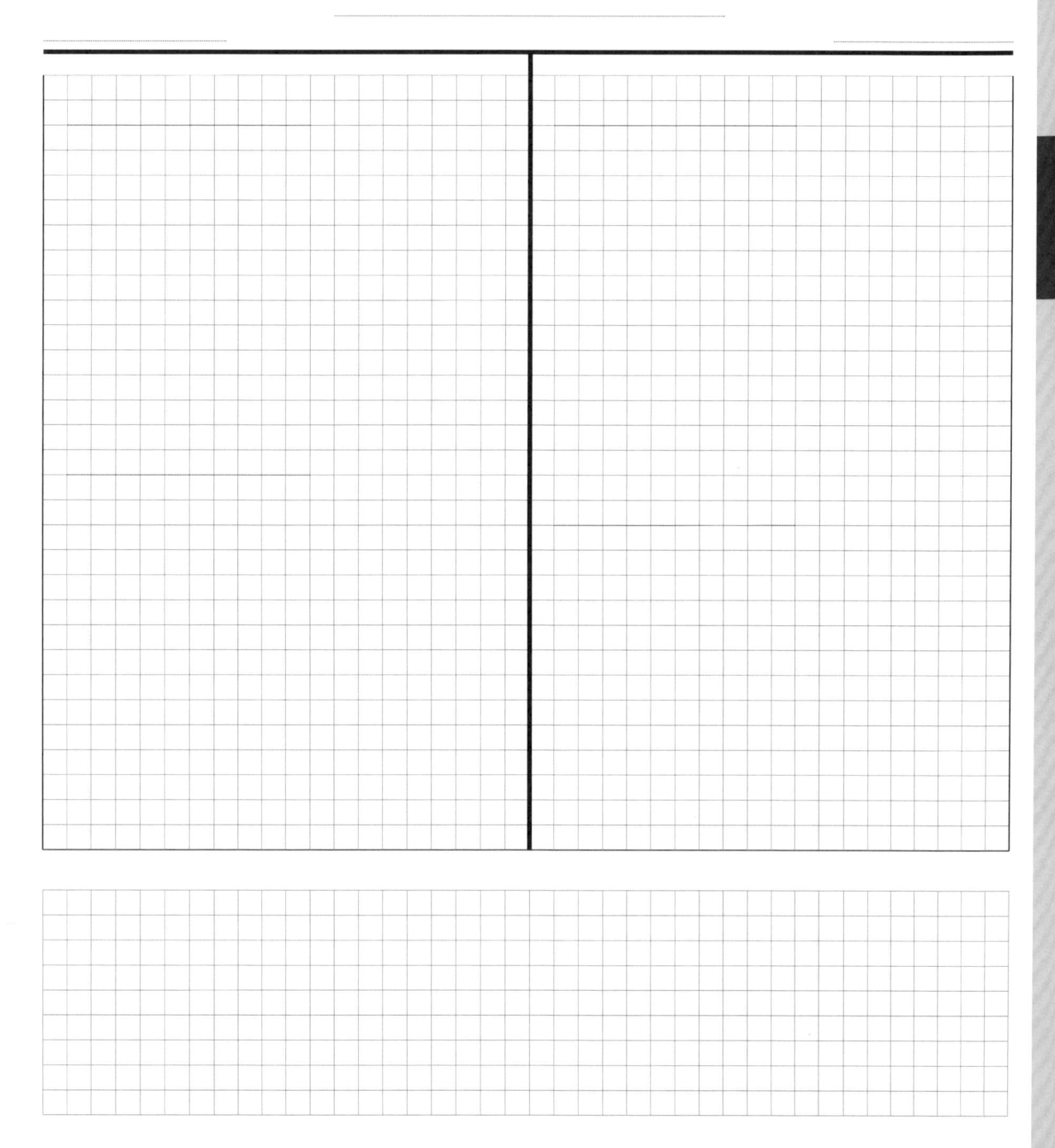

2.6 Die Zusammensetzung des Eigenkapitals gibt Auskunft über die **Rechtsform** einer Unternehmung.

Ordnen Sie folgende Bezeichnungen der richtigen Rechtsform zu (ankreuzen):

Bezeichnung	Einzelunternehmung	Kollektivgesellschaft	Aktiengesellschaft	Gesellschaft mit beschränkter Haftung
Aktienkapital				
Kapital Meyer				
Reserven				
Eigenkapital				
Kapital Brandenberger				
Gewinnvortrag				
Stammkapital				

2.7 Welche der aufgeführten Aktivposten kommen in welcher **Branche** normalerweise vor (ankreuzen)?

Aktivposten	Handelsbetrieb	Fabrikationsbetrieb	Dienstleistungsbetrieb
Kasse			
Post			
Bank			
Debitoren			
Warenvorrat			
Rohmaterial			
Fertigfabrikate			
Mobilien			
Maschinen			
Immobilien			

2.8 Lösen Sie das Kreuzworträtsel.

waagrecht

- 2 Velo
- 4 Bund fürs Leben
- 8 Schlangenart
- 9 Gebäude und Grundstücke
- 12 Sitzen (engl.)
- 13 Gegenteil von auf
- 14 Oder (engl.)
- 16 Chemisches Zeichen für Argon
- 17 Ungekocht
- 19 Gegenteil von alte
- 20 Gebirgskette in Europa
- 21 D.h. (engl.)
- 23 Gegenteil von Vollmond
- 25 Weibliche Fortpflanzungszelle
- 27 Der (franz.)
- 28 Wir (Dativ)
- 29 Männlicher Vorname
- 30 Ausruf der bewundernden Überraschung
- 31 Produktionsanlagen
- 32 Gegenteil von Gescheiter
- 33 Handelswaren zum Verkauf

senkrecht

- 1 Unbezahlte Lieferantenrechnungen
- 3 Guthaben bei Kunden
- 5 Kontokorrentguthaben bei einer Bank
- 6 Gegenüberstellung von Aktiven und Passiven
- 7 Guthaben bei der Post
- 10 Laden- und Büroeinrichtungen
- 11 Total der Aktiven = Total der Passiven
- 15 Darlehen gegen Verpfändung der Liegenschaft
- 18 Schweizerisch für Hacke
- 22 Kaltes Wasser
- 24 Grösste Hirschart im Norden
- 26 Schmiedeherd
- 30 Auf (engl.)
- 32 Gegenteil von dort

3 Die Auswirkungen von Geschäftsfällen auf die Bilanz

3.1 P. Fuss eröffnet am 1. Juli ein kleines Treuhandbüro in der Rechtsform einer Einzelunternehmung. Er bringt als Kapitaleinlage Fr. 20 000.– auf ein Bankkonto ein.

a) Erstellen Sie auf dem Lösungsblatt der nächsten Seite die Bilanz nach Geschäftseröffnung.

b) Weisen Sie nach, wie sich die Geschäftsfälle auf die Bilanz auswirken, indem Sie nach jedem Geschäftsfall eine neue Bilanz errichten.

c) Warum ist trotz der Geschäftsfälle die Bilanzgleichung (Aktiven = Passiven) immer erhalten geblieben?

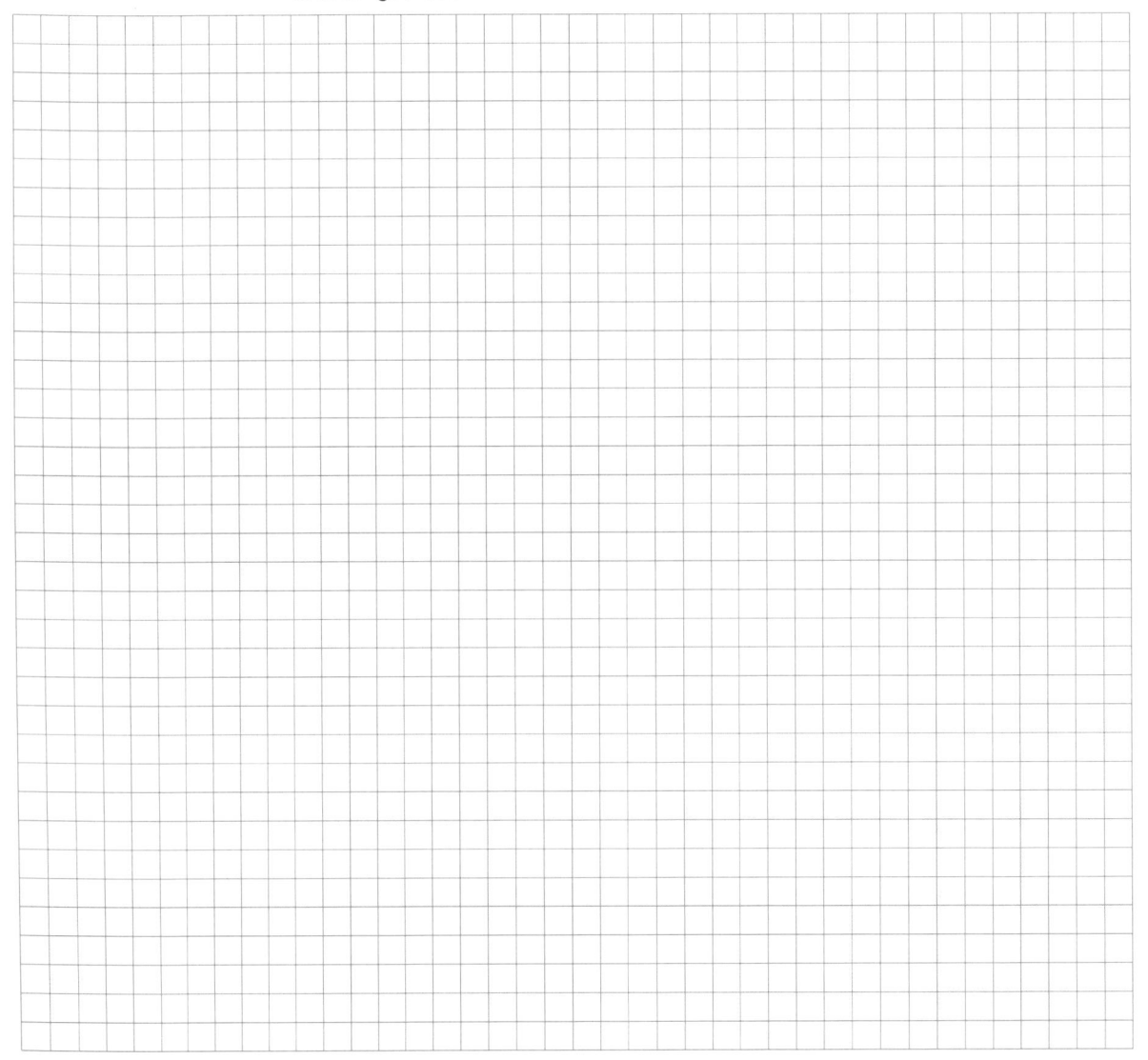

Geschäftsfälle	Bilanzen (in Fr. 1000.–)	Auswirkungen in der Bilanz
1.7. Eröffnung durch Kapitalauflage	a Bilanz vom 1.7. p Bank 20'000 | Eigenkapital 20'000	+ Aktiven + Passiven = Kapitalbeschaffung
3.7. Kauf von Mobiliar auf Kredit für Fr. 9000.–	a Bilanz vom 3.7. p Bank 20'000 | Eigenkapital 20'000 Mobiliar 9000 | Kreditoren 9000 29'000 | 29'000	+ Aktiven + Passiven =
5.7. Bankzahlung an die Kreditoren Fr. 3000.–	a Bilanz vom 5.7. p Bank 17'000 | Eigenkapital 20'000 Mobiliar 9000 | Kreditoren 6000 26'000 | 26'000	– Aktiven – Passiven = Kapitalrückzahlung
11.7. Barbezug ab Bankkonto Fr. 3000.– Das Geld wird in die Kasse gelegt.	a Bilanz vom 11.7. p Kasse 3000 | Eigenkapital 20'000 Bank 14'000 | Kreditoren 6000 Mobiliar 9000 | 26'000 | 26'000	+ Aktiven – Aktiven = Aktivtausch
15.7. Ein Freund gewährt ein Darlehen von Fr. 5000.–, das zur Zahlung von Kreditoren benutzt wird.	a Bilanz vom 15.7. p Kasse 3000 | Eigenkapital 20'000 Bank 14'000 | Kreditoren 1000 Mobiliar 9000 | Darlehen 5000 26'000 |	+ Passiven + Passiven = Passivtausch

3.2 Welche Bilanzpositionen werden durch folgende Geschäftsfälle verändert?

Geschäftsfall	Bilanzpositionen
1. Wir heben bei der Post Bargeld ab.	+ Kasse − Post
2. Wir kaufen Mobiliar und zahlen bar.	+ Mobiliar − Kasse
3. Einen Kreditor bezahlen wir durch Banküberweisung (Bankschuld).	− Kreditor + Bankschuld
4. Ein Kunde zahlt auf unser Bankkonto (Bankschuld) ein.	− Bankschuld − Debitoren
5. Unser altes Auto verkaufen wir bar.	+ Kasse − Fahrzeug
6. Ein Freund gewährt uns ein Darlehen, das er auf die Post einzahlt.	+ Darlehensschuld + Post
7. Der Geschäftsinhaber erhöht seine Kapitaleinlage durch eine Einzahlung auf das Postkonto.	+ Post + Eigenkapital
8. Wir kaufen einen Computer auf Kredit.	+ Kredit + Mobiliar
9. Wir zahlen einen Teil der Hypothekarschuld über die Post zurück.	− Post − Hypothek

3.3 Die Bilanz der Einzelfirma R. Blumer lautet:

Bilanz vom 1.1. 20_1

Aktiven		Passiven	
Kasse	1 000	Kreditoren	8 000
Post	800	Darlehen	30 000
Bank	2 200	Eigenkapital	32 000
Debitoren	6 000		
Vorräte	50 000		
Mobilien	10 000		
	70 000		70 000

Erstellen Sie die Bilanz für den 31.1. 20_1 nach Berücksichtigung der Januar-Geschäftsfälle.

7.1.	Debitoren zahlen auf das Postkonto ein	Fr.	1 500.–
15.1.	An die Kreditoren wird per Bank überwiesen	Fr.	2 000.–
21.1.	Barkauf von Mobiliar	Fr.	900.–
23.1.	Darlehensrückzahlung durch Eigenkapitalerhöhung	Fr.	10 000.–

Lösungshilfe

Bilanz vom 31.1. 20_1

Aktiven		Passiven	
Kasse	100	Kreditoren	6000
Post	2300	Darlehen	20'000
Bank	200	Eigenkapital	42'000
Debitoren	4500		
Vorräte	50'000		
Mobilien	10'900		
	68'000		68'000

4 Die Aktiv- und Passivkonten

4.1 In der Firma Kniesel & Co. wird für die laufenden Barzahlungen ein einfaches Kassabuch geführt.

Kassabuch

Datum	Text (Geschäftsfälle)	Betrag Soll	Haben
1. 2.	Saldovortrag (Anfangsbestand)	1 375.–	
3. 2.	Kauf von 4 Winterpneus, bar		708.–
5. 2.	Bareinlage ab dem Bankkonto	500.–	
8. 2.	Bezahlung für Büromaterial (Fr. 173.–)		173
11. 2.	Spesenvorschuss an K. Hedinger (Fr. 400.–)		400
12. 2.	Barbezug ab Postkonto (Fr. 1500.–)	1500	
17. 2.	Kauf eines Bürostuhls (Fr. 261.–)		261
17. 2.	Reparaturen am Lieferwagen (Fr. 714.–)		714
20. 2.	Barspende für ein Hilfswerk (Fr. 30.–)		30
25. 2.	Reisespesen bar an den Geschäftsinhaber vergütet (Fr. 83.–)		83
27. 2.	Barverkauf einer alten Schreibmaschine (Fr. 150.–)	150	
28. 2.	Saldo (Endbestand)		1156
		3525	3525
1. 3.	Saldovortrag (Anfangsbestand)	1156	

a) Was bedeutet der Saldovortrag von Fr. 1375.–?

b) Führen Sie das Kassabuch für den Monat Februar.

c) Wie gross ist der Kassabestand Ende Februar?

d) Wie lautet die Eröffnung des Kassenbuchs am 1. März?

e) Welche Eintragungen sind grundsätzlich im Soll, welche im Haben verbucht worden?

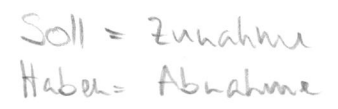

Soll = Zunahme
Haben = Abnahme

f) Die Gegenüberstellung der Zu- und Abgänge, wie sie hier im Kassabuch erfolgt ist, nennt man **Konto.** Alle Aktivkonten haben dieselben Buchungsregeln. Die Verbuchung in den Passivkonten ist im Vergleich mit den Aktivkonten genau seitenverkehrt.

Leiten Sie mithilfe des im Kassabuch verbuchten Geschäftsverkehrs die Buchungsregeln für das Aktivkonto her. Veranschaulichen Sie diese Regeln im folgenden Kontenschema; füllen Sie das Schema analog auch für das Passivkonto aus.

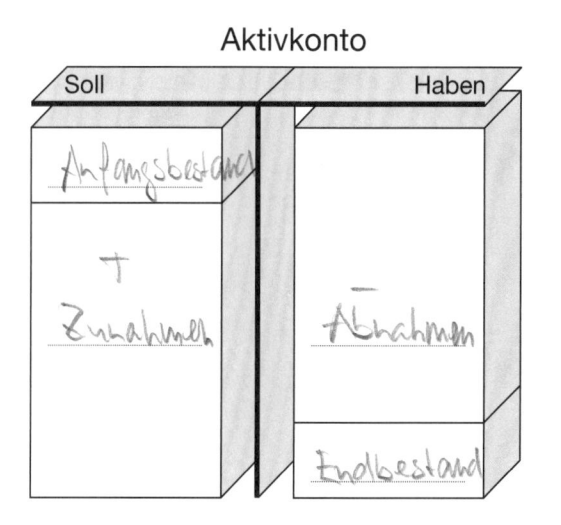

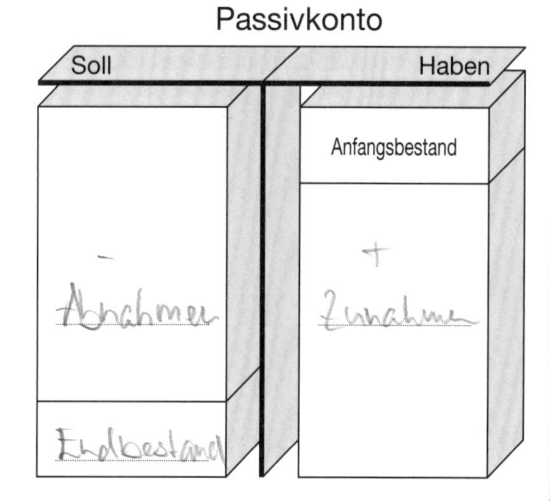

Aktivkonto

Soll	Haben
Anfangsbestand	−
+ Zunahmen	Abnahmen
	Endbestand

Passivkonto

Soll	Haben
	Anfangsbestand
− Abnahmen	+ Zunahmen
Endbestand	

4.2 Der Zahlungsverkehr des Physiotherapie-Institutes M. Rohrer wird zum grossen Teil über das Postkonto abgewickelt. Führen Sie das Postkonto für den Monat Dezember. Schliessen Sie das Konto ab, und eröffnen Sie es wieder.

Post

Datum	Text (Geschäftsfälle)	Betrag	
		Soll	Haben
1.12.	Saldovortrag (Anfangsbestand) (Fr. 9207.–)	9207	
3.12.	Überweisung an Kreditor R. Kunz (Fr. 1005.–)		1005
5.12.	Zahlungen der Krankenkasse Helsana (Fr. 6324.–)	6324	
11.12.	Barbezug von M. Rohrer (Fr. 3000.–)		3000
13.12.	Privatpatient K. Inauen überweist für die abgeschlossene Therapie (Fr. 1350.–)	1350	
17.12.	Überweisung an Kreditor Dr. P. Märki (Fr. 475.–)		475
21.12.	Mietzinszahlung an den Vermieter (Fr. 2100.–)		2100
23.12.	Zahlungen der Zürich Unfall-Versicherung (Fr. 2873.–)	2873	
27.12.	Überweisung der Concordia-Krankenkasse (Fr. 4218.–)	4218	
29.12.	Diverse Zahlungen gemäss Zahlungsauftrag der Post (Fr. 3278.–)		3278
31.12.	Belastung für Telefongebühren (Fr. 461.–)		461
31.12.	Saldo (Endbestand)		13'659
		23'972	23'972
1.1.		13'659	

4.3 Wir führen ein Debitorenkonto. Die Geschäftsfälle sind zu buchen. Das Konto ist auf Ende September abzuschliessen und wieder zu eröffnen.

Debitoren

Datum	Text (Geschäftsfälle)	Betrag	
		Soll	Haben
1.7.	Offene Rechnungen (Fr. 12 700.–)	12'700	
12.7.	Barzahlung von I. Geier für die Rechnung vom 15.6. (Fr. 1150.–)		1150
26.7.	Warenlieferung an P. Höhn (Fr. 2 400.–)	2400	
3.8.	Postzahlung von F. Schalcher für die Rechnung vom 15.6. (Fr. 3100.–)		3100
20.8.	Banküberweisung von P. Höhn für die Lieferung vom 26.7.		2400
19.9.	Warenlieferung an K. Louis (Fr. 820.–)	820	
28.9.	Gutschrift an K. Louis wegen mangelhafter Ware (Fr. 150.–)		150
30.9.	Postgiro von M. Hinnen & Co. (Fr. 4180.–)		4180
30.9.	Saldo (Endbestand)		4940
		15920	15'920
1.10.		4940	

4.4 Wir führen ein Kreditorenkonto. Die Geschäftsfälle sind bis zum 30. 6. zu buchen. Das Konto ist abzuschliessen und wieder zu eröffnen.

Kreditoren

Datum	Text	Betrag	
		Soll	Haben
1.6.	Saldovortrag		9 200.–
3.6.	Postzahlung an H. Bossart	600.–	
7.6.	Warenlieferung von Kreditor Nussbaumer (Fr. 19 120.–)		19'120
12.6.	Warenlieferung von Kreditor Bullinger (Fr. 1 125.–)		1125
19.6.	Zahlung an Kreditor Schläpfer durch die Bank (Fr. 6 500.–)	6500	
20.6.	Rabatt von Kreditor Nussbaumer wegen mangelhafter Lieferung (Fr. 1 900.–)	1900	
21.6.	Zahlung der Restschuld an Nussbaumer durch die Bank (Fr. 17 220.–)	17'220	
25.6.	Postzahlung an Kreditor Haller (Fr. 2 275.–)	2275	
29.9.	Warenlieferung von Kreditor Walser (Fr. 934.–)		934
	Saldo (Endbestand)	1884	
		30'379	30'379
			1884

4.5 a) Veranschaulichen Sie die Buchungsregeln in den folgenden Bankkonten.

Bankguthaben

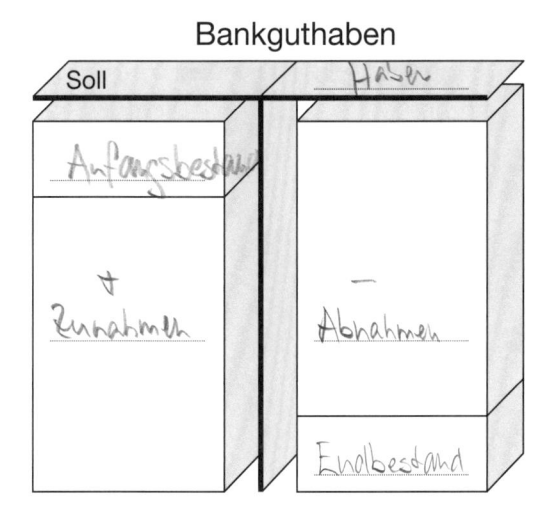

Soll	Haben
Anfangsbestand	–
+ Zunahmen	Abnahmen
	Endbestand

Bankschuld

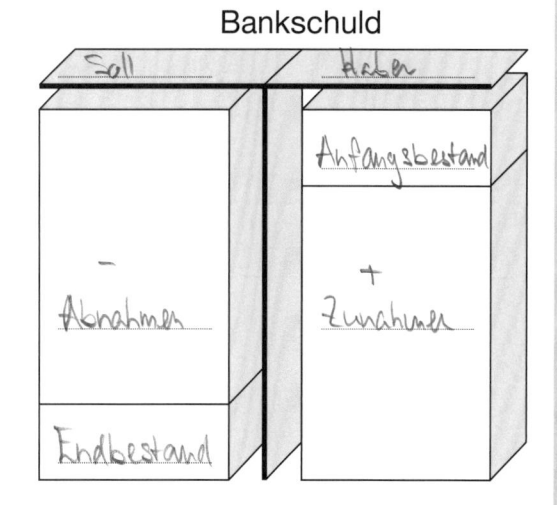

Soll	Haben
–	Anfangsbestand
Abnahmen	+ Zunahmen
	Endbestand

b) Wie erkennt man beim Bankkonto, ob es sich um eine Schuld oder ein Guthaben handelt?

c) Warum wird ein Barbezug im Bankkonto auf jeden Fall im Haben gebucht?

d) Wir haben am 1. April ein Guthaben auf einem Konto bei der Bank Z. Verbuchen Sie die in Klammern stehenden Beträge, und schliessen Sie das Konto ab.

e) Handelt es sich bei diesem Bankkonto um ein Aktiv- oder ein Passivkonto?

Bank Z

Datum	Text	Betrag Soll	Haben
1. April	Saldovortrag (3 000.–)	3000	
2. April	Zahlung an Kreditor Fetz (1 000.–)		1000
8. April	Überweisung von Debitor N. Kunz (2 700.–)	2700	
20. April	Lohnzahlungen an Angestellte (6 500.–)		6500
21. April	Überweisung von Debitor K. Schatzmann (900.–)	900	
24. April	Überweisung auf Postkonto (5 000.–)		5000
26. April	Gutschrift für Wertschriftenverkauf (12 000.–)	12'000	
28. April	Zahlung an Kreditor Zoss (7 850.–)		7850
30. April	Saldo	1750	
		18'600	18'600
1. Mai	Saldovortrag		1750

4.6 U. Aeschbacher eröffnet auf den 1. September 20_4 eine Privatschule. Er zahlt Fr. 30 000.– auf ein neu eröffnetes Bankkonto ein.

a) Erstellen Sie die Gründungsbilanz vom 1. September.
b) Eröffnen Sie die Konten des Hauptbuches (Anfangsbestände).
c) Wie lauten die **Buchungssätze** für die einzelnen Geschäftsfälle? (Im Buchungssatz wird das Konto zuerst genannt, das die Soll-Eintragung erhält, nachher das Konto mit der Haben-Eintragung.)

Journal

Datum	Geschäftsfall	Buchungssatz Soll	Haben	Betrag in Fr.
2.9.	Kauf von Mobiliar auf Kredit für Fr. 8000.–	Mobiliar	Kreditoren	8000
3.9.	Eröffnung eines Postkontos. Banküberweisung Fr. 5000.–	Post	Bank	5000
7.9.	Banküberweisung für die Rechnung vom 2.9.	Kreditoren	Bank	8000
8.9.	Von der Post werden Fr. 2000.– bezogen und in die Geschäftskasse gelegt.	Kasse	Post	2000
17.9.	Barkauf eines Hellraumprojektors für Fr. 1000.–	Mobiliar	Kasse	1000
19.9.	Kauf von 20 Personal-Computern auf Kredit für Fr. 52 000.–	Mobiliar	Kreditoren	52'000
20.9.	P. Moser gewährt ein fünfjähriges Darlehen an die Schule von Fr. 50 000.–. Die Zahlung erfolgt auf die Bank.	Bank	Darlehen	50'000
25.9.	Dem Computer-Lieferanten wird eine erste Rate von Fr. 12 000.– durch die Bank überwiesen.	Kreditoren	Bank	12'000

d) Verbuchen Sie die Geschäftsfälle in den Konten des Hauptbuches.
e) Schliessen Sie die Konten des Hauptbuches ab (Salden).
f) Erstellen Sie die Schlussbilanz für den 30. September.

Lösungsblatt zu Aufgabe 4.6

a   Gründungsbilanz vom 1.9.20_4   p

Bank 30'000 | Eigenkapital 30'000

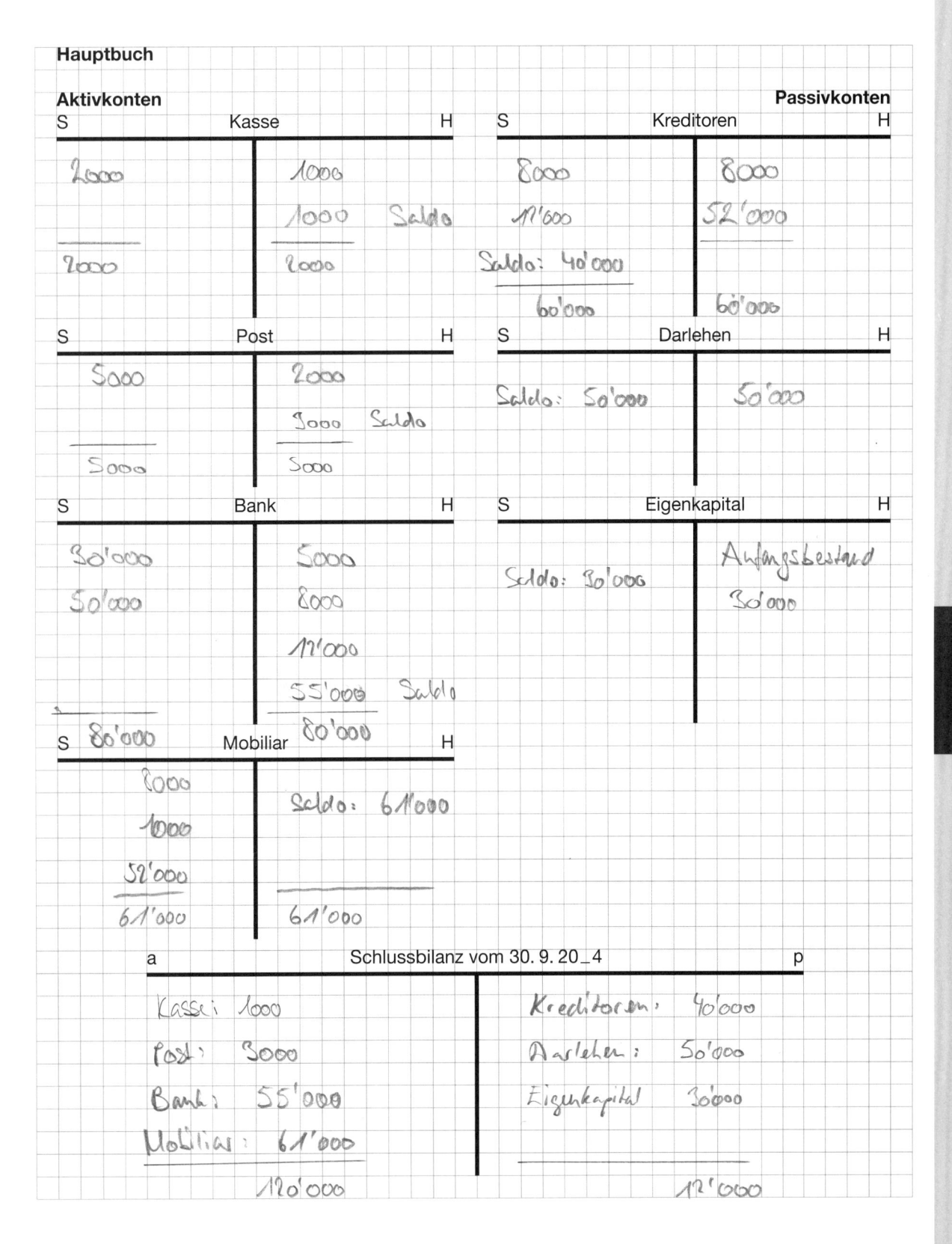

Hauptbuch

Aktivkonten   **Passivkonten**

S	Kasse	H		S	Kreditoren	H
2000		1000		8000		8000
		1000 Saldo		17'000		52'000
2000		2000		Saldo: 40'000		
					60'000	60'000

S	Post	H		S	Darlehen	H
5000		2000		Saldo: 50'000		50'000
		3000 Saldo				
5000		5000				

S	Bank	H		S	Eigenkapital	H
30'000		5000		Saldo: 30'000		Anfangsbestand
50'000		8000				30'000
		17'000				
		55'000 Saldo				
80'000		80'000				

S	Mobiliar	H
8000		Saldo: 61'000
1000		
52'000		
61'000		61'000

a	Schlussbilanz vom 30. 9. 20_4	p
Kasse: 1000		Kreditoren: 40'000
Post: 3000		Darlehen: 50'000
Bank: 55'000		Eigenkapital 30'000
Mobiliar: 61'000		
120'000		12'000

4.7 U. Waser führt ein kleines Töpferatelier. Sie eröffnet das Jahr 20_2 mit folgenden Beständen:

Kasse Fr. 500.–, Post Fr. 2200.–, Debitoren Fr. 1800.–, Mobilien Fr. 2000.–, Kreditoren Fr. 700.–, Eigenkapital?

a) Erstellen Sie die Eröffnungsbilanz vom 1. 1. 20_2.

b) Eröffnen Sie die Konten des Hauptbuches.

c) Führen Sie das Journal, und verbuchen Sie die folgenden Geschäftsfälle in den Konten des Hauptbuches.

Datum	Geschäftsfall	Buchungssatz		Betrag in Fr.
		Soll	Haben	
15. 1.	Debitor K. Käser überweist Fr. 1400.– auf das Postkonto.			
30. 1.	Barbezug ab dem Postkonto Fr. 1200.–.			
1. 2.	Barkauf einer elektrischen Töpferscheibe für Fr. 1300.–.			
19. 2.	Debitor A. Stähli bezahlt bar Fr. 200.–.			
11. 3.	Überweisung von Fr. 600.– an Kreditor A. Häni durch die Post.			
15. 3.	Barverkauf des alten Brennofens für Fr. 900.–.			
20. 3.	Rechnung von Kreditor S. Michel für einen neuen Brennofen für Fr. 3750.–.			
29. 3.	Postüberweisung der 1. Rate von Fr. 1500.– an Kreditor S. Michel.			

d) Schliessen Sie die Konten des Hauptbuches ab, und erstellen Sie die Schlussbilanz für den 31. 3. 20_2.

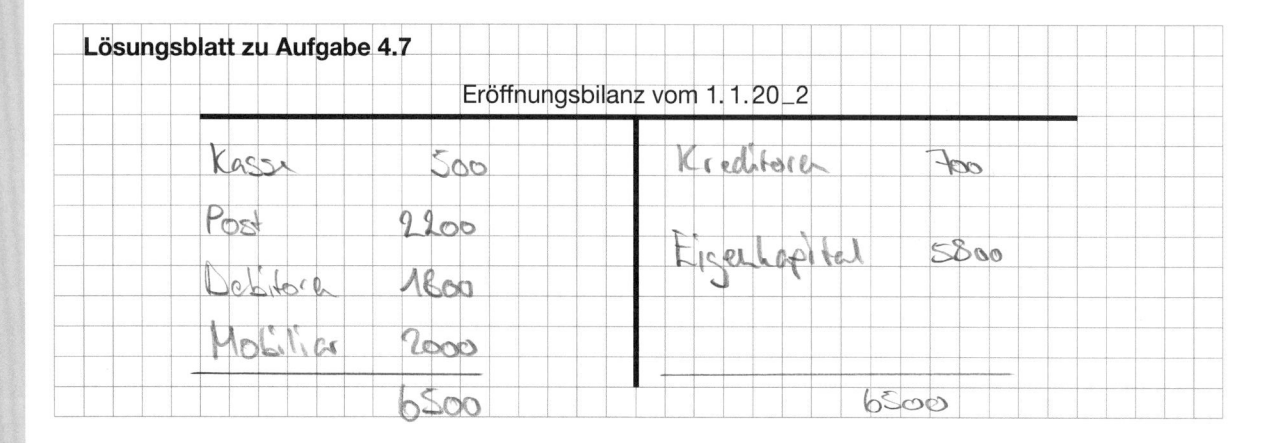

Lösungsblatt zu Aufgabe 4.7

Eröffnungsbilanz vom 1. 1. 20_2

Kasse	500	Kreditoren	700
Post	2200	Eigenkapital	5800
Debitoren	1800		
Mobiliar	2000		
	6500		6500

S	Kasse	H	S	Debitoren	H
500			1800		

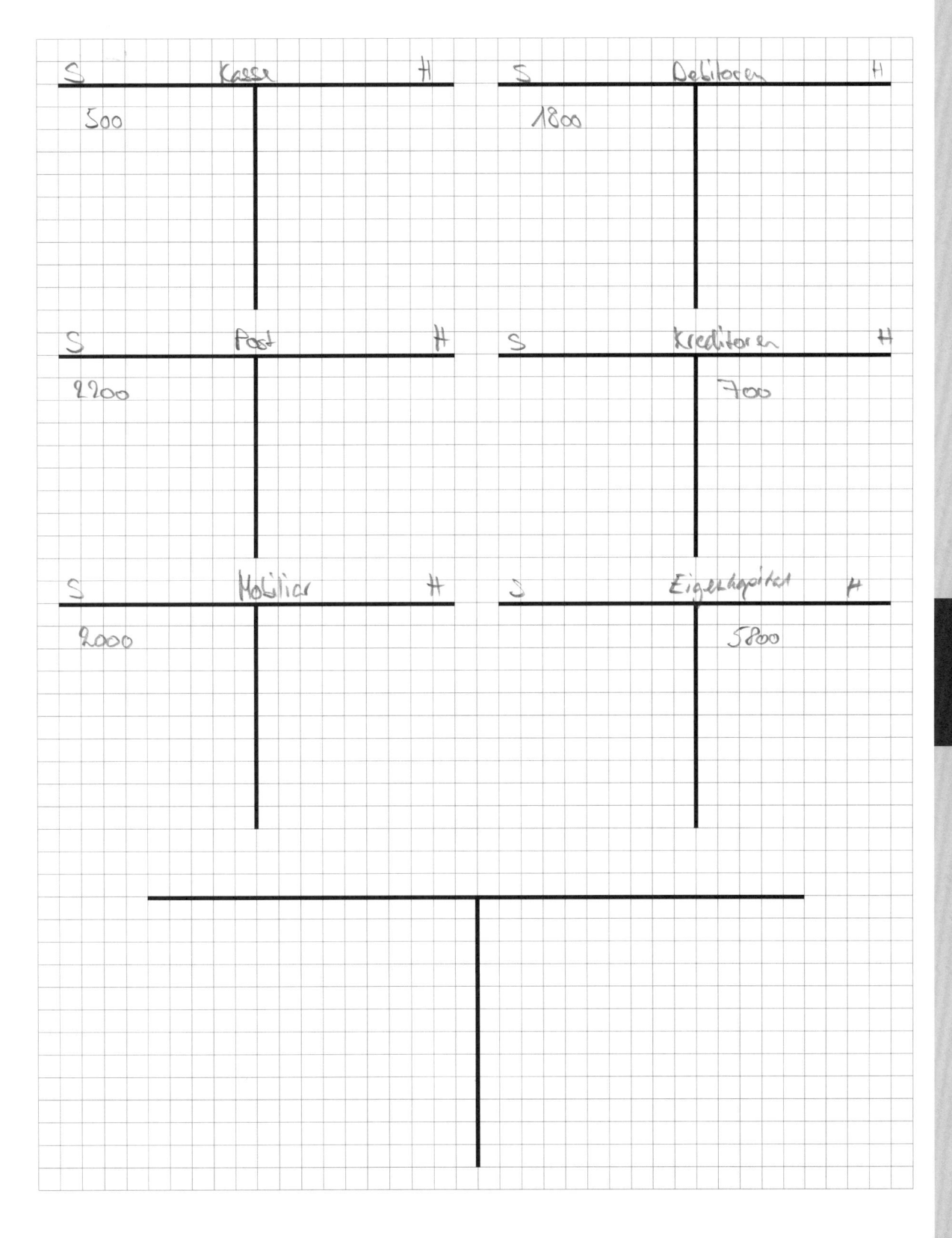

S	Post	H	S	Kreditoren	H
2200				700	

S	Mobiliar	H	S	Eigenkapital	H
2000				5800	

5 Die Erfolgsrechnung

5.1 In der **Erfolgsrechnung** werden die Aufwände und Erträge einer bestimmten Periode einander gegenübergestellt, damit der **Erfolg** (Gewinn oder Verlust) ermittelt werden kann.

Stellen Sie für die Drogerie Waser die Erfolgsrechnung für das Jahr 20_1 auf, und ermitteln Sie den Erfolg.

Verkaufserlös Fr. 230 000.–, Warenaufwand Fr. 150 000.–, Personalaufwand Fr. 40 000.–, Mietaufwand Fr. 17 000.–, übriger Betriebsaufwand wie Telefonspesen, Verpackungsmaterial, Heizungsaufwand, Werbeaufwand, Fachzeitschriften, Berufskleider und Versicherungsprämien Fr. 9 000.–.

Erfolgsrechnung 20_1

Aufwand		Ertrag	
Warenaufwand:	150'000.–	Verkaufserlös:	230'000.–
Personalaufwand:	40'000.–		
Mietaufwand:	17'000.–		
Übriger Aufwand:	9000.–		
Gewinn:	14'000.–		
	230'000.–		

5.2 Erstellen Sie für diese Kleiderboutique die Erfolgsrechnung für das Jahr 20_1.

Warenaufwand Fr. 690 000.–, Atelieraufwand (Änderungsschneiderei) Fr. 14 000.–, Personalaufwand Fr. 120 000.–, Raumaufwand (Miete, Heizung, Reinigung, Elektrisch) Fr. 87 000.–, Abschreibung Ladeneinrichtung Fr. 13 000.–, Zinsen (für Bankschuld) Fr. 20 000.–, Werbeaufwand Fr. 50 000.–, Sachversicherungsprämien Fr. 2 000.–, Büro und Verwaltung Fr. 12 000.–, Verkaufserlös Fr. 998 000.–.

Erfolgsrechnung 20_1

Aufwand		Ertrag	
Warenaufwand:	690'000.–	Verkaufserlös	998'000
Personalaufwand:	120'000.–		
Atelieraufwand:	14'000.–		
Raumaufwand:	87'000.–		
Abschreibung Einrichtung:	13'000.–		
Zinsen (Bankschuld):	20'000		
Werbeaufwand:	50'000		
Versicherungsprämien	2000.–		
Büro u. Verwaltung	12'000.–		
Gewinn	– 10000	Verlust:	10'000
	998'000.–		1008'000

5.3 Bezeichnen Sie die fehlenden Grössen, und bestimmen Sie die Branche.

a) Erfolgsrechnung

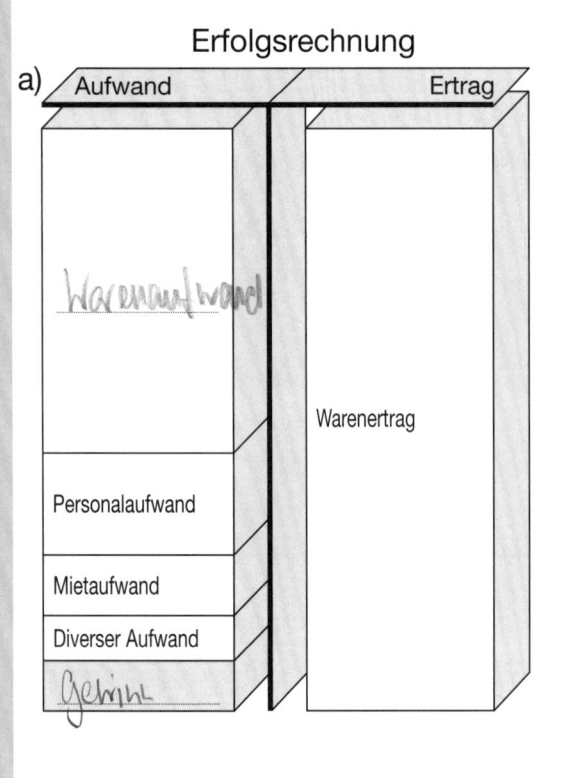

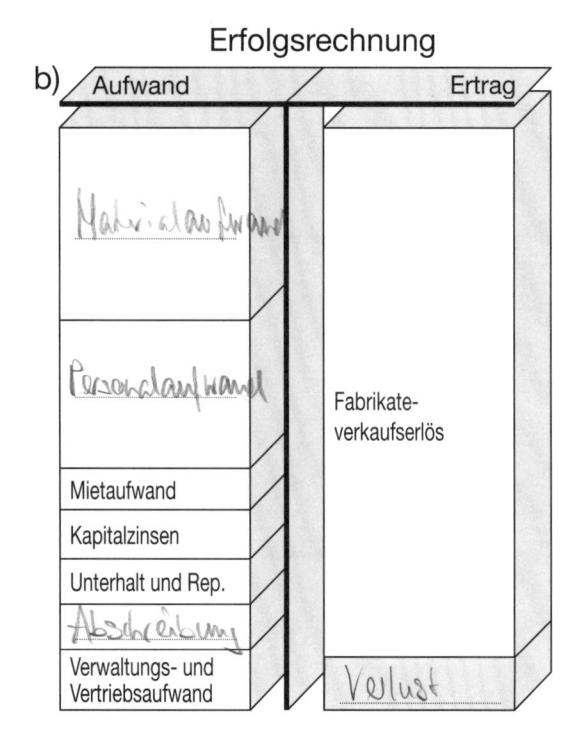

Aufwand:
- Warenaufwand
- Personalaufwand
- Mietaufwand
- Diverser Aufwand
- Gewinn

Ertrag:
- Warenertrag

b) Erfolgsrechnung

Aufwand:
- Materialaufwand
- Personalaufwand
- Mietaufwand
- Kapitalzinsen
- Unterhalt und Rep.
- Abschreibung
- Verwaltungs- und Vertriebsaufwand

Ertrag:
- Fabrikate-verkaufserlös
- Verlust

c) Erfolgsrechnung

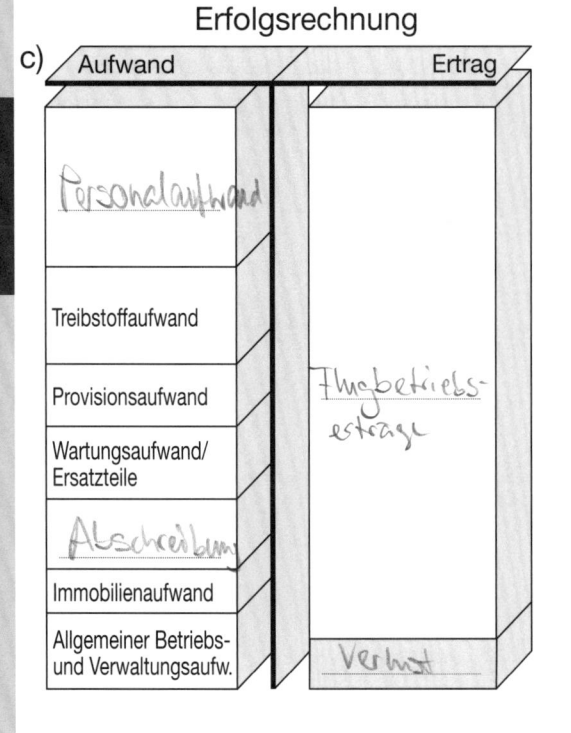

Aufwand:
- Personalaufwand
- Treibstoffaufwand
- Provisionsaufwand
- Wartungsaufwand/Ersatzteile
- Abschreibung
- Immobilienaufwand
- Allgemeiner Betriebs- und Verwaltungsaufw.

Ertrag:
- Flugbetriebsertrage
- Verlust

d) Erfolgsrechnung

Aufwand:
- Filmverleihgebühren
- Personalaufwand
- Raumaufwand
- Werbung
- Aufwand für Getränke und Snacks
- Sonstiger Aufwand

Ertrag:
- Billetterlös
- Erlös aus Getränke- und Snacksverkauf
- Erlös aus Reklame
- Verlust

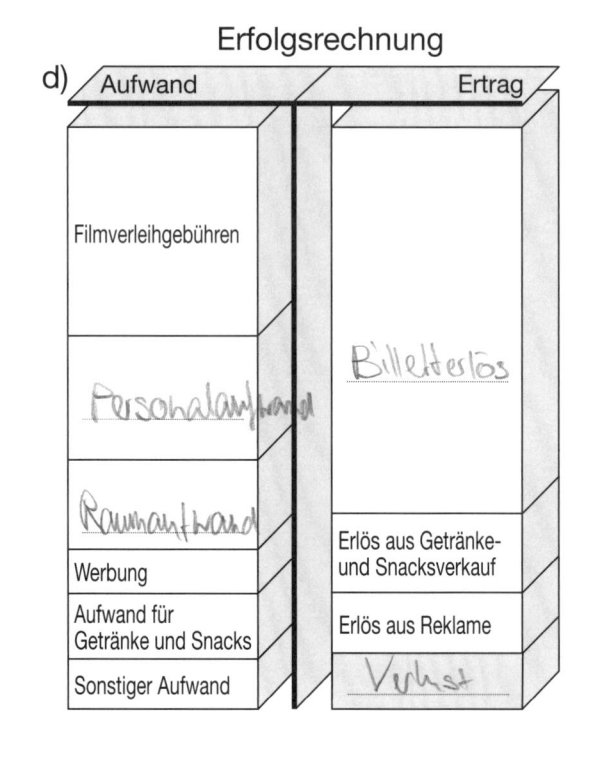

5.4 Erstellen Sie für die Carrosserie-Werkstatt AG Bilanz und Erfolgsrechnung. Zahlen in Fr. 1000.–.

Debitoren 85, Kreditoren 70, Hypotheken 400, Hypothekarzinsen 20, Abschreibungen 60, Übriger Aufwand 100, Aktienkapital 200, Ertrag Malerei 350, Vorräte 10, Reserven 70, Ertrag Spenglerei 450, Verbrauch an Material und Farben 260, flüssige Mittel 20, Betriebseinrichtungen 30, Gewinnvortrag 10, Löhne und Sozialleistungen 320, Fahrzeuge 5, Liegenschaft 600, Erfolg ?

Bilanz vom 31.12. 20_1

Aktiven | | **Passiven** |
---|---|---|---
Umlaufvermögen | | **Fremdkapital** |
Debitoren | 85 | Kreditoren | 70
Vorräte | 10 | Hypotheken | 400
Flüssige Mittel | 20 | |
Anlagevermögen | | **Eigenkapital** |
Betriebseinrichtung | 30 | Aktienkapital | 200
Fahrzeuge | 5 | Reserven | 70
Liegenschaft | 600 | Gewinnvortrag | 10
 | 750 | | 750

Erfolgsrechnung für 20_1

Aufwand | | **Ertrag** |
---|---|---|---
Hypothekarzinsen | 20 | Ertrag Malerei | 350
Abschreibungen | 60 | Ertrag Spenglerei | 450
Übriger Aufwand | 100 | |
Verbrauch an Material und Farben | 260 | |
Löhne u. Sozialleistungen | 320 | |
Gewinn | 40 | |
 | 800 | | 800

6 Die Aufwands- und Ertragskonten

6.1 Die Buchungsregeln für die Aufwands- und Ertragskonten ergeben sich aus dem Zusammenwirken mit den Aktiv- und Passivkonten. Auch hier gilt der Grundsatz, dass jeder Soll-Buchung eine entsprechende Haben-Buchung gegenüberstehen muss.

a) Verbuchen Sie die Geschäftsfälle im Treuhandbüro P. Fuss, und weisen Sie die Auswirkungen auf die Bilanz- und Erfolgskonten nach.

Aufwandsverbuchung

Geschäftsfall	Bilanzkonto	Aufwandskonto	Auswirkungen
1. Postüberweisung für die Juli-Miete Fr. 2 000.–	**Post** | 2 000.–	**Miete** 2 000.– |	+ Aufwand – Aktiven
2. Banküberweisung für die Juli-Löhne Fr. 5 000.–	**Bankschuld** | 5 000.–	**Gehälter** 5 000.– |	+ Aufwand + Fremdkapital

Ertragsverbuchung

Geschäftsfall	Bilanzkonto	Ertragskonto	Auswirkungen
3. Versand von Rechnungen für ausgeführte Arbeiten Fr. 8 000.–	**Debitoren** 8 000.– |	**Ertrag aus Kundenaufträgen** | 8 000.–	+ Aktiven + Ertrag
4. Ein Kunde bezahlt die ausgeführte Arbeit sofort mit einem Bankcheck von Fr. 3 000.–. (Es wurde keine Rechnung verschickt.)	**Bankschuld** 3 000.– |	| 3 000.–	– Fremdkapital + Ertrag

b) Leiten Sie aus den vier Geschäftsfällen die Buchungsregeln für die Aufwands- und Ertragskonten her, und veranschaulichen Sie diese in den Kontenschemen.

Aufwandskonto

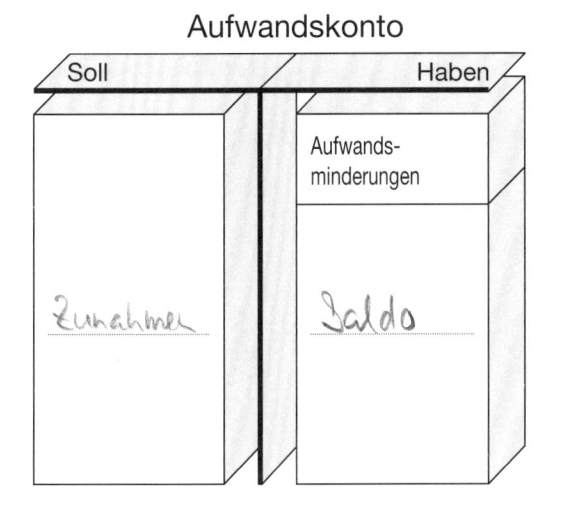

Soll	Haben
	Aufwandsminderungen
Zunahmen	Saldo

Ertragskonto

Soll	Haben
Ertragsminderung	
Saldo	Zunahmen

c) Warum gibt es bei den Aufwands- und Ertragskonten – im Gegensatz zu den Bestandeskonten – keine Anfangsbestände?

d) Geben Sie Beispiele für Aufwandsminderungen.

e) Geben Sie Beispiele für Ertragsminderungen.

f) In welche Abschlussrechnung werden die Salden der Aufwands- und Ertragskonten übertragen?

g) Warum spricht man bei den Aufwands- und Ertragskonten von Erfolgskonten?

h) Warum werden die Erfolgskonten nicht eröffnet?

i) Zeichnen Sie die Fälle 2 bis 4 aus Aufgabe a) im Kontenschema ein. (Geschäftsfall ① ist bereits als Musterlösung eingetragen.)

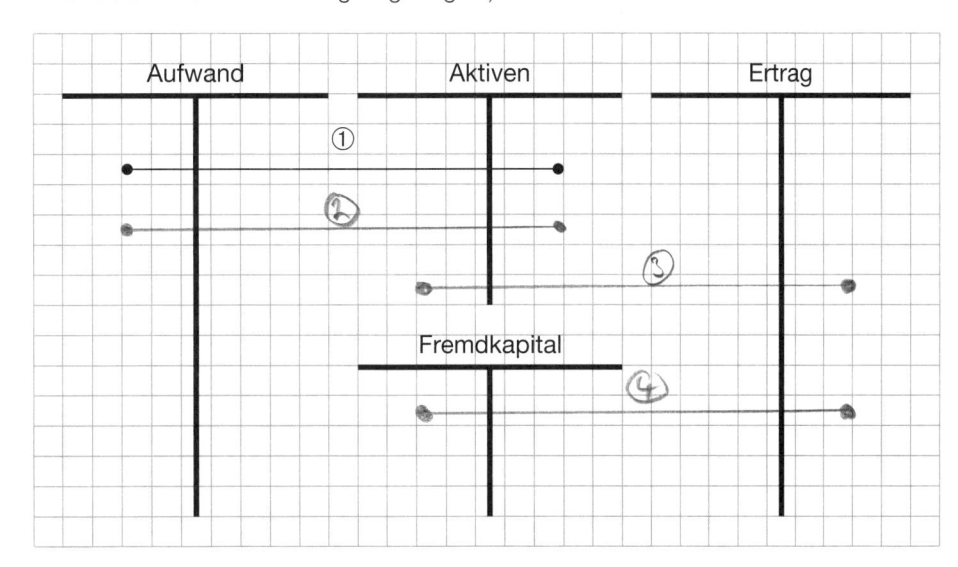

6.2 Führen Sie das Aufwandkonto Unterhalt und Reparaturen für den Fabrikationsbetrieb ELEKTRO AG aufgrund der bereits im Konto eingetragenen Geschäftsfälle:

Unterhalt und Reparaturen

Datum	Text (Geschäftsfälle)	Betrag Soll	Haben
10. 1.	Rechnung des Spenglermeisters A. Weiner (Fr. 1900.–)		
23. 1.	Rechnung der PINSEL AG für Malerarbeiten (Fr. 6000.–)		
13. 2.	Die PINSEL AG gewährt nachträglich einen Rabatt von 10% (Fr. 600.–)		
5. 3.	Barzahlung für den Kauf von Ersatzdichtungen (Fr. 200.–)		
20. 3.	Rechnung für die Revision einer Maschine (Fr. 3000.–)		
31. 3.	Rückforderung MWST❶ (Fr. 742.–)		
31. 3.	Saldo		

❶ Die in den obigen Rechnungen enthaltene Mehrwertsteuer (MWST) kann von der eidg. Steuerverwaltung zurückgefordert werden (Vorsteuerabzug).

6.3 Führen Sie das Konto Verkaufsertrag für das Sportgeschäft FIT AG aufgrund der folgenden Geschäftsfälle:

Verkaufsertrag

Datum	Text (Geschäftsfälle)	Betrag Soll	Haben
18.1.	Verkauf von Sportartikeln gegen Rechnung (Fr. 8000.–)		
31.1.	Verkäufe im Januar gemäss Kassenbelegen (Fr. 105000.–)		
20.2.	Auf der Rechnung vom 18.1. wird nachträglich ein Rabatt gewährt (Fr. 400.–)		
28.2.	Verkäufe im Februar gemäss Kassenbelegen (Fr. 66000.–)		
3.3.	Barentschädigung an einen Kunden infolge Rücknahme von zwei mangelhaften Snowboards (Fr. 1800.–)		
31.3.	Verkäufe im März gemäss Kassenbelegen (Fr. 70000.–)		
31.3.	Geschuldete MWST für das 1. Quartal❶ (Fr. 17432.–)		
31.3.	Saldo		

❶ Die in den obigen Verkaufserlösen enthaltene MWST ist an die eidg. Steuerverwaltung abzuliefern (Umsatzsteuer).

6.4 Welche Geschäftsfälle stehen hinter den Buchungssätzen aus dem Warenhandelsbetrieb Andy Wirz? Bezeichnen Sie durch Ankreuzen die erfolgswirksamen (Gewinn bzw. Verlust wird verändert) und die erfolgsunwirksamen (Buchungen innerhalb der Bilanz) Vorgänge.

Nr.	Buchungssatz		Geschäftsfall	erfolgswirksam	erfolgsunwirksam
	Soll	Haben			
1.	Debitoren	Warenertrag			
2.	Raumaufwand	Post			
3.	Mobiliar	Kreditoren			
4.	Post	Eigenkapital			
5.	Kasse	Bank			
6.	Zinsaufwand	Bank			
7.	Reparaturen	Kasse			
8.	Abschreibungen	Einrichtungen			
9.	Warenertrag	Debitoren			
10.	Bank	Eigenkapital			
11.	Post	Debitoren			
12.	Werbung	Kreditoren			
13.	Kreditoren	Bank			
14.	Lohnaufwand	Post			
15.	Debitoren	Maschinen			
16.	Bank	Zinsertrag			
17.	Büromaterialverbrauch	Kasse			
18.	Lohnaufwand	Kasse			

6.5 a) Nennen Sie für die Geschäftsfälle die Buchungssätze. Zeigen Sie zugleich die Auswirkungen auf die Bilanz- und Erfolgskonten auf (Aktiven = a, Passiven = p, Aufwand = A, Ertrag = E).

Nr.	Geschäftsfall	Buchungssatz		Auswirkungen	
		Soll	Haben	Soll	Haben
1.	Die Löhne werden durch die Post überwiesen.			+ A	– a
2.	Büromobiliar wird auf Kredit eingekauft.				
3.	Die Post belastet unser Konto für die Telefontaxen und -gebühren.				
4.	Wir zahlen an unsere Kreditoren durch Banküberweisung (Bank = p).				
5.	Die Bank belastet uns die Darlehenszinsen (Bank = p).				
6.	Wir erhalten die Rechnung für ausgeführte Reparaturen.				
7.	Wir verkaufen unsere erzeugten Produkte bar.				
8.	Die Geschäftsmiete wird durch die Post überwiesen.				
9.	Auf den Maschinen schreiben wir ab.				
10.	Debitoren bezahlen auf unser Postkonto.				
11.	Wir erhalten die Rechnung für eine Werbeberatung.				
12.	Verkauf eines Landstückes gegen bar.				
13.	Der Kontokorrentzins wird durch die Bank (a) gutgeschrieben.				

b) Kreuzen Sie an, wie sich der Gewinn verändert, wenn folgende Buchungen weggelassen werden:

	Zunahme	Abnahme	keine Änderung
– Buchung Nr. 7	❏	❏	❏
– Buchung Nr. 9	❏	❏	❏
– Buchung Nr. 12	❏	❏	❏

7 Der Jahresabschluss

7.1 Weil jeder erfolgswirksame Geschäftsfall zugleich ein Bilanz- und ein Erfolgskonto verändert, wird der Erfolg doppelt nachweisbar, nämlich als Überschuss des Vermögens über das eingesetzte Kapital in der Bilanz und als Differenz zwischen Aufwand und Ertrag in der Erfolgsrechnung.

M. Bühler betreibt ein kleines Transportunternehmen. Der Geschäftsverkehr ist summarisch❶ und in Fr. 1000.– wiedergegeben. Führen Sie die Buchhaltung für das Jahr 20_1 mithilfe des Lösungsblattes auf der rechten Seite.

a) Erstellen Sie die Eröffnungsbilanz.
   Aktiven: Kasse 5, Fahrzeuge 45
   Passiven: Bank 15, Eigenkapital 35

b) Wie lauten die Buchungssätze zu den einzelnen Geschäftsfällen im Journal?

Journal

Nr.	Buchungssatz		Geschäftsfälle	Betrag
	Soll	Haben		
1.	Kasse	Bank	Barbezüge ab Bankkonto	118
2.	Personalaufw.	Bank	Lohnzahlungen durch die Bank	145
3.	Bank	Transportertrag	Transportertrag auf Bank einbezahlt	330
4.	Übriger Aufwand	Kasse	Benzin, Öl und Pneus bar bezahlt	120
5.	Übriger Aufwand	Bank	Reparaturen und Unterhalt durch Bank bezahlt	12
6.	Abschreibungen	Fahrzeuge	Abschreibungen auf Fahrzeugen	15
7.	Übriger Aufwand	Bank	Miete, Versicherungen und Zinsen durch Bank bezahlt	18

c) Eröffnen Sie die Konten des Hauptbuches, und verbuchen Sie die Geschäftsfälle.

d) Schliessen Sie die Konten des Hauptbuches ab.

e) Erstellen Sie die Erfolgsrechnung und die Schlussbilanz.

f) Erklären Sie, warum es sich beim erzielten Erfolg um einen Gewinn bzw. einen Verlust handelt.

❶ Summarisch bedeutet, dass die Geschäftsfälle zusammengefasst wurden.

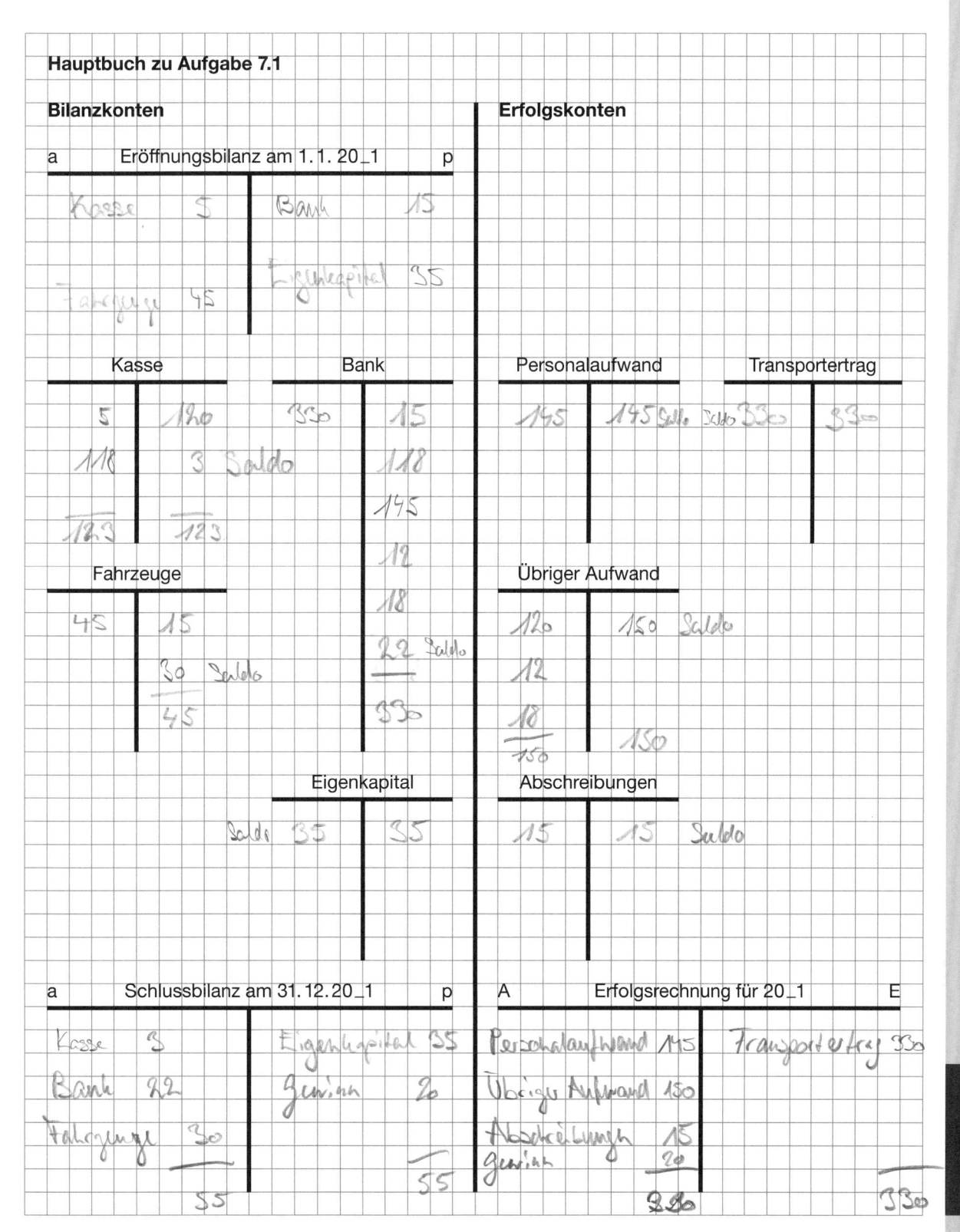

Hauptbuch zu Aufgabe 7.1

Bilanzkonten   **Erfolgskonten**

a	Eröffnungsbilanz am 1.1. 20_1	p
Kasse 5	Bank 15	
Fahrzeuge 45	Eigenkapital 35	

Kasse		Bank		Personalaufwand		Transportertrag	
5	120	330	15	145	145 Saldo	Saldo 330	330
118	3 Saldo		118				
123	123		145				
			12				

Fahrzeuge			18	Übriger Aufwand			
45	15		22 Saldo	120	150 Saldo		
	30 Saldo			12			
45	45		330	18			
				150	150		

		Eigenkapital		Abschreibungen			
		Saldo 35	35	15	15 Saldo		

a	Schlussbilanz am 31.12. 20_1	p	A	Erfolgsrechnung für 20_1	E
Kasse 3	Eigenkapital 35		Personalaufwand 145	Transportertrag 330	
Bank 22	Gewinn 20		Übriger Aufwand 150		
Fahrzeuge 30			Abschreibungen 15		
			Gewinn 20		
55	55		330	330	

7.2 Verbuchen Sie mithilfe des Lösungsblattes auf der nächsten Seite den summarischen Geschäftsverkehr des Stellenvermittlungsbüros Dr. K. Ambach für das Jahr 20_3 (alle Zahlen in Fr. 1000.–).

Kontenplan ❶

Aktiven: Bank, Debitoren, Mobiliar
Passiven: Eigenkapital
Aufwand: Personalaufwand, Raumaufwand, Übriger Aufwand
Ertrag: Vermittlungsprovisionen, Zinsertrag

a) Erstellen Sie die Eröffnungsbilanz.
   Bankguthaben 25, Debitoren 15, Mobiliar 20, Eigenkapital 60
b) Eröffnen Sie die Konten des Hauptbuches.
c) Verbuchen Sie die folgenden Geschäftsfälle im Journal und im Hauptbuch:

Journal

Nr.	Buchungssatz		Geschäftsfälle	Betrag
	Soll	Haben		
1.	Raumaufwand	Bank	Bezahlung der Geschäftsmiete durch die Bank	18
2.	Debitoren	Vermittlungs-provisionen	Rechnungen an Kunden für erfolgreiche Vermittlungen	170
3.	Bank	Debitoren	Debitorenzahlungen auf die Bank	150
4.	Personalaufwand	Bank	Lohnzahlungen durch die Bank	120
5.	Raumaufwand	Bank	Reinigungs- und Heizkosten durch Bank bezahlt	4
6.	Übriger Aufwand	Mobiliar	Abschreibungen auf dem Büromobiliar	5
7.	Übriger Aufwand	Bank	Bankzahlungen für Versicherungen, Telefon und übrige Betriebsaufwendungen	6
8.	Bank	Zinsertrag	Gutschrift für Bankzinsen	1

d) Schliessen Sie die Konten des Hauptbuches ab.
e) Erstellen Sie die Erfolgsrechnung und die Schlussbilanz *vor* Gewinnverbuchung.
f) Übertragen Sie den Gewinn von der Erfolgsrechnung auf das Eigenkapitalkonto, das zu diesem Zweck nochmals eröffnet werden muss.
g) Erstellen Sie die Schlussbilanz *nach* Gewinnverbuchung.

❶ Der Kontenplan ist eine systematische Darstellung der in einer Unternehmung geführten Konten.

Hauptbuch zu Aufgabe 7.2

Bilanzkonten

a	Eröffnungsbilanz am 1.1.20_3	p
Bank	25	Eigenkapital 60
Debitoren	15	
Mobiliar	20	

Bank

AB	25	18
	150	120
	1	4
		6
	176	28 Saldo
		176

Debitoren

AB	15	150
	170	35 S
	185	185

Mobiliar

AB	20	5
		15
	20	20

a	Schlussbilanz vor Gewinnverbuchung am 31.12.20_3	p
Bank	28	Eigenkapital 60
Debitoren	35	Gewinn 18
Mobiliar	15	
	78	78

a	Schlussbilanz nach Gewinnverbuchung am 31.12.20_3	p
Bank	28	Eigenkapital 78
Debitoren	35	
Mobiliar	15	
	78	78

Erfolgskonten

Personalaufwand

| 120 | S 120 |

Vermittlungsprovisionen

| S 170 | 170 |

Raumaufwand

18	S 22
4	
22	

Zinsertrag

| S 1 | 1 |

Übriger Aufwand

5	S 11
6	
11	

A	Erfolgsrechnung für 20_3	E
Personalaufwand	120	Vermittlungsprovision 170
Raumaufwand	22	Zinsertrag 1
Übriger Aufwand	11	
Gewinn	18	
	171	171

7.3 Die fehlenden Grössen der Tabelle sind zu errechnen und einzusetzen. Die grafischen Darstellungen dienen Ihnen als Lösungshilfe.

Nr.	Aktiven gemäss Schlussbilanz vor Gewinnverbuchung	Passiven gemäss Schlussbilanz vor Gewinnverbuchung	Aufwand	Ertrag	Erfolg (Gewinn+/Verlust−)
1.	2 000.−	1 800.−	7800	8 000.−	+ 200
2.	6 000.−	5 000.−	14 000.−	15000	+ 1000
3.	10'000	8 000.−	29'000	31 000.−	+ 2 000.−
4.	17 500.−	19'000	111 000.−	109'500	− 1 500.−
5.	75'000	60 000.−	175 000.−	190 000.−	+ 15'000
6.	55 000.−	37'000	210 000.−	228'000	+ 18 000.−
7.	126'000	99 000.−	318 000.−	345'000	+ 27 000.−
8.	420 000.−	450 000.−	1015'000	985 000.−	− 30'000
9.	48'000	75 000.−	680 000.−	653 000.−	− 27'000
10.	178'000	120 000.−	502'000	560 000.−	+ 58 000.−
11.	215 000.−	215 000.−	1'200'000	1 200 000.−	0
12.	10'600	11 800.−	58'400	59 600.−	− 1 200.−

Jahresabschluss mit Gewinn

Schlussbilanz vor Gewinnverbuchung

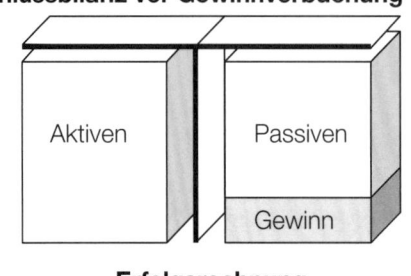

Aktiven | Passiven
Gewinn

Erfolgsrechnung

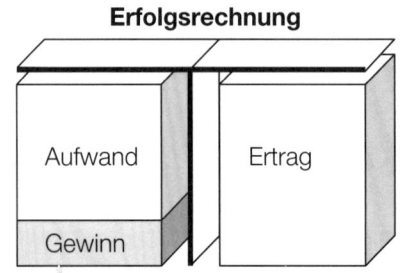

Aufwand | Ertrag
Gewinn

Jahresabschluss mit Verlust

Schlussbilanz vor Gewinnverbuchung

Aktiven | Passiven
Verlust

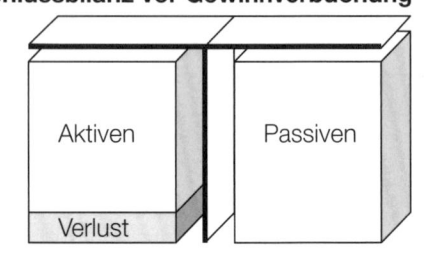

Erfolgsrechnung

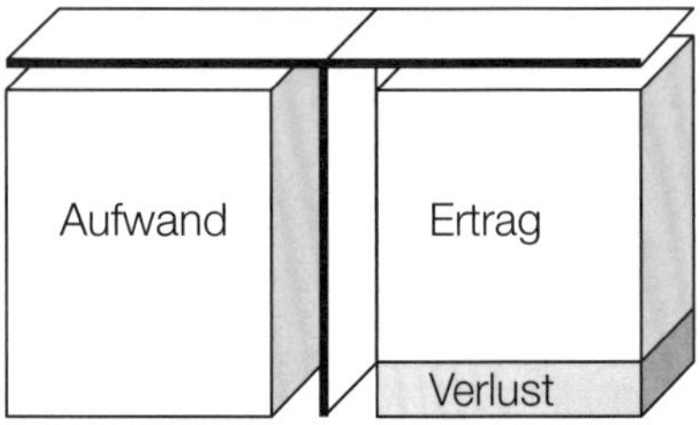

Aufwand | Ertrag
Verlust

7.4 Aus der Buchhaltung der Firma Hoffmann, Werkzeughandel, ist die Schlussbilanz vor Gewinnverbuchung abgebildet (alle Zahlen in Fr. 1 000.–).

Schlussbilanz vor Gewinnverbuchung

Aktiven		Passiven	
Umlaufvermögen		**Fremdkapital**	
Kasse	27	Kreditoren	92
Post	35	Bank	14
Debitoren	50	Darlehen	500
Werkzeuglager	1 200		
Anlagevermögen		**Eigenkapital**	
Mobiliar	70	Eigenkapital	750
		Reingewinn	26
	1 382		1 382

Errichten Sie in der folgenden Darstellung für die Fälle a) bis c) jeweils die Schlussbilanz nach Gewinnverbuchung:

a) Der Gewinn wird zum Eigenkapital geschlagen.

b) Herr Hoffmann lässt sich den Gewinn durch die Post auszahlen.

c) Herr Hoffmann lässt sich den Gewinn durch die Bank auszahlen.

Schlussbilanz nach Gewinnverbuchung

Aktiven	a)	b)	c)	Passiven	a)	b)	c)
Umlaufvermögen				**Fremdkapital**			
Kasse	27	27	27	Kreditoren	92	92	92
Post	35	9	35	Bank	14	14	40
Debitoren	50	50	50	Darlehen	500	500	500
Werkzeuglager	1200	1200	1200				
Anlagevermögen				**Eigenkapital**	776	750	750
Mobiliar	70	70	70				
	1382	1356	1382		1382	1356	1382

7.5 Herr P. Hug führt einen Autoshop. Verbuchen Sie den summarischen Geschäftsverkehr für das Jahr 20_1. Benützen Sie dazu das Lösungshilfsblatt. (Alle Zahlen in Fr. 1000.–.)

Kontenplan

Aktiven: Kasse, Post, Debitoren, Warenlager, Mobiliar
Passiven: Kreditoren, Bank, Eigenkapital
Aufwand: Warenaufwand, Personalaufwand, Übriger Aufwand
Ertrag: Warenertrag

a) Erstellen Sie die Eröffnungsbilanz per 1.1. 20_1

   Kasse 9, Post 14, Debitoren 115, Warenlager 820, Mobiliar 42, Kreditoren 135, Bank 250, Eigenkapital?

b) Eröffnen Sie die Konten des Hauptbuches.

c) Verbuchen Sie die folgenden Geschäftsfälle*:

   1. Warenverkäufe auf Kredit — 220
   2. Zahlungen per Bank für die Geschäftsmiete — 36
   3. Wareneinkauf auf Kredit (als Warenaufwand zu buchen) — 415
   4. Bankzahlungen für Gehälter — 125
   5. Zahlungen von Kunden auf die Bank — 231
   6. Barverkäufe — 441
   7. Einzahlungen auf die Bank aus der Kasse — 420
   8. Bankzahlungen für verschiedene Geschäftsaufwendungen — 73
   9. Abschreibungen auf dem Mobiliar — 7
   10. Bankbelastung für Zinsen und Spesen — 28
   11. Abschreibungen auf dem Warenlager (über Warenaufwand buchen) — 30
   12. Postbelastung für Telefon und Porti — 8
   13. Bankzahlungen an Kreditoren — 435

d) Schliessen Sie die Konten ab, und erstellen Sie die Erfolgsrechnung für 20_1 und die Schlussbilanz vor Gewinnverbuchung vom 31.12. 20_1.

e) Verrechnen Sie den Erfolg mit dem Eigenkapital, und erstellen Sie die Schlussbilanz nach Gewinnverbuchung vom 31.12. 20_1.

f) Das Hauptbuch ist für das Geschäftsjahr 20_2 wieder zu eröffnen.

g) Wie würde sich das Geschäftsergebnis ändern, wenn die Abschreibungen auf dem Mobiliar weggelassen würden (Nr. 9)?

* Schreiben Sie in jedes Häuschen, da der Platz in der Höhe beschränkt ist.

Lösungsblatt zu Aufgabe 7.5

Eröffnungsbilanz vom 1.1. 20_1

Kasse	9	Bank	250
Post	14	Kreditoren	135
Debitoren	115	Eigenkapital	615
Warenlager	820		
Mobiliar	42		
	1000		1000

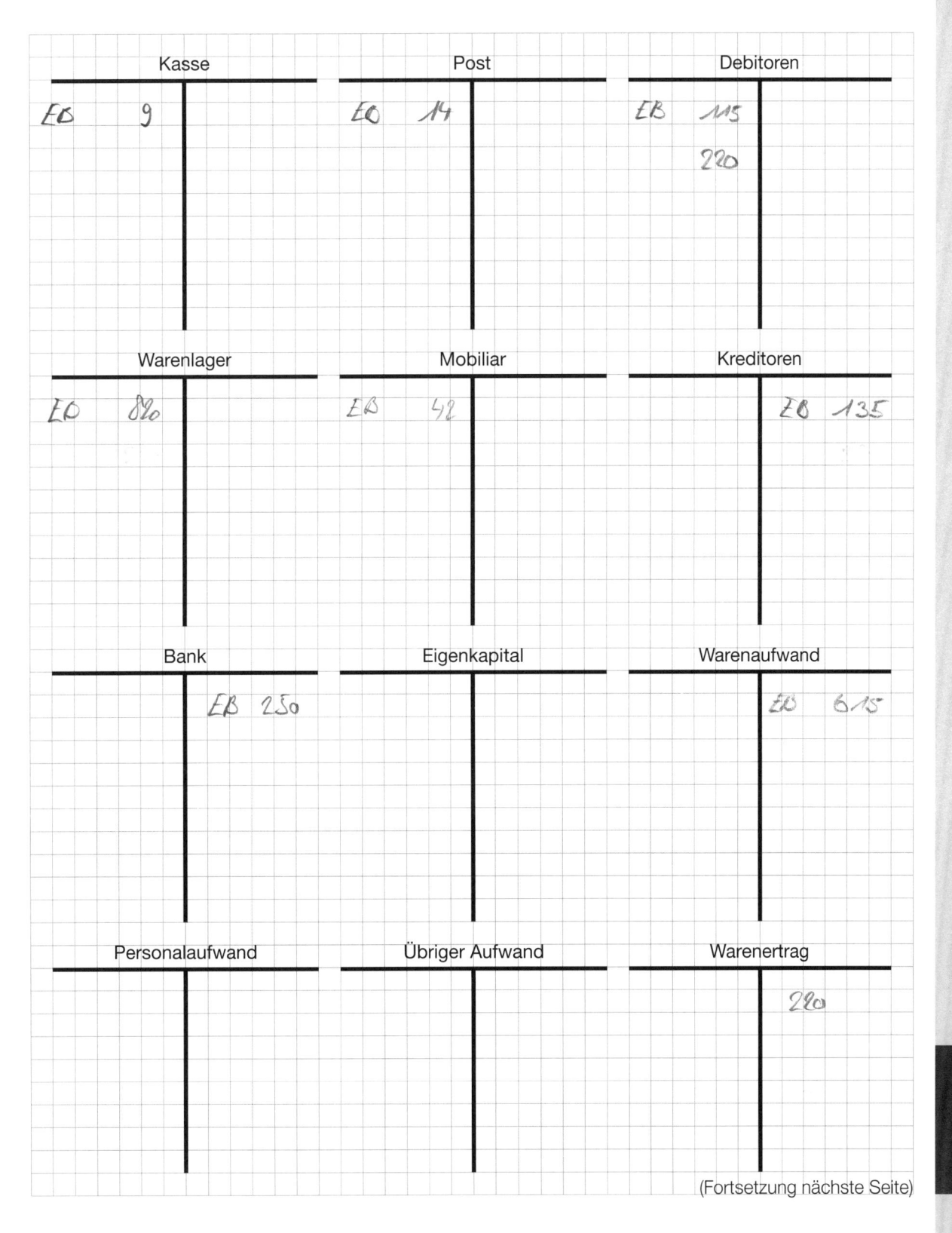

Kasse	Post	Debitoren
EB 9	EB 14	EB 115
		220

Warenlager	Mobiliar	Kreditoren
EB 80	EB 42	EB 135

Bank	Eigenkapital	Warenaufwand
EB 250		EB 615

Personalaufwand	Übriger Aufwand	Warenertrag
		220

(Fortsetzung nächste Seite)

Schlussbilanz vor Gewinnverbuchung vom 31.12. 20_1

Erfolgsrechnung 20_1

Schlussbilanz nach Gewinnverbuchung vom 31.12. 20_1

Lösungen

1 Vermögen, Fremd- und Eigenkapital

1.1 a)

Vermögen	Bargeld	Fr.	80.-		
	Guthaben Salärkonto	Fr.	220.-		
	Mountainbike	Fr.	300.-		
	Stereoanlage, Bücher, CDs	Fr.	400.-		
	Kleider, Schuhe	Fr.	500.-		
	Zimmereinrichtung	Fr.	600.-	Fr.	2 100.-
./. **Fremdkapital**	Nicht bezahlte Rechnungen			Fr.	100.-
= **Eigenkapital**				Fr.	2 000.-

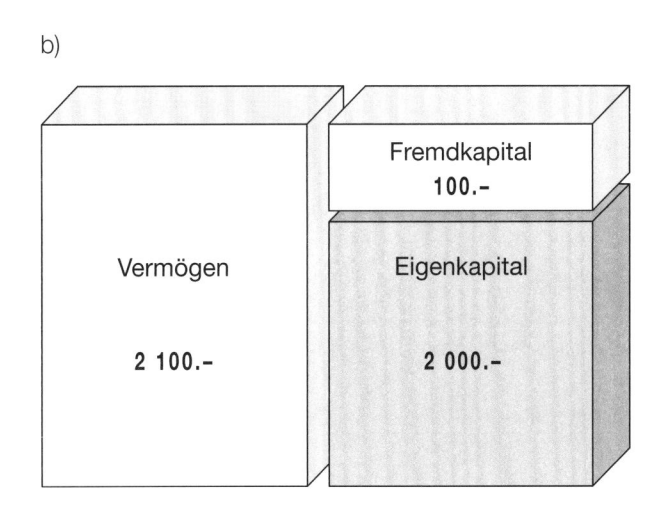

b)

Vermögen	Fremdkapital 100.-
2 100.-	Eigenkapital 2 000.-

1.2

Vermögen		Fremdkapital	
Kassenbestand	1 375.-	Offene Lieferantenrechnungen	6 000.-
Postguthaben	3 280.-	Darlehen von G. Senn	30 000.-
Offene Kundenrechnungen	1 671.-		36 000.-
Warenvorräte	28 774.-		
Laden- und Büroeinrichtung	5 900.-		
Lieferwagen	14 000.-		
	55 000.-	**Eigenkapital**	
		Eigenkapital	19 000.-

1.3

Vermögen		Fremdkapital	
Kassenbestand	950.-	Offene Lieferantenrechnungen	4 500.-
Bankguthaben	8 400.-	Hypothekardarlehen	300 000.-
Offene Kundenrechnungen	620.-		304 500.-
Getränkevorräte	8 580.-		
Gebindevorräte	8 670.-		
Büromobiliar	3 000.-	**Eigenkapital**	
Lieferwagen	20 000.-	Eigenkapital	245 720.-
Liegenschaft	500 000.-		
	550 220.-		

1.4 | **Allgemeine Umschreibung** | **Fachausdruck**

Allgemeine Umschreibung	Fachausdruck
Bargeld (Banknoten und Münzen) in der Kasse	**Kasse**
Guthaben bei der Post	**Post**
Guthaben bei einer Bank	**Bank**
Offene Kundenrechnungen	**Debitoren**
Handelswaren zum Verkauf	**Warenvorrat**
Rohstoffe zur Verarbeitung	**Rohmaterialvorrat**
Fertig gestellte Erzeugnisse zum Verkauf	**Fertigfabrikatevorrat**
Produktionsanlagen, Maschinen	**Maschinen**
Laden- und Büroeinrichtungen (Pulte, Stühle, Schränke, Büromaschinen)	**Mobilien, Mobiliar**
Geschäfts- und Wohngebäude, Grundstücke	**Immobilien, Liegenschaften**
Unbezahlte Lieferantenrechnungen	**Kreditoren**
Erhaltenes Darlehen	**Darlehensschuld**
Erhaltenes Darlehen gegen Verpfändung der Liegenschaft	**Hypothek**

2 Die Bilanz

2.1

Bilanz vom 31. 12. 20_1

Aktiven		Passiven		
		Fremdkapital		
Kasse	1 375	Kreditoren	6 000	
Post	3 280	Darlehen	30 000	36 000
Debitoren	1 671			
Waren	28 774			
Mobiliar	5 900	**Eigenkapital**		
Fahrzeug	14 000	Eigenkapital		19 000
	55 000			55 000

2.2 a) Das für die Unternehmungstätigkeit zur Verfügung stehende Vermögen.

b) Die Passiven zeigen, wer der Unternehmung Kapital zur Verfügung gestellt hat bzw. wer Ansprüche auf das Vermögen der Unternehmung hat.

c) Die zeitliche Bindung des Vermögens in der Unternehmung ist massgebend:
– Zum Umlaufvermögen gehören das Geld und die Vermögensteile, die innerhalb eines Jahres zur Umwandlung in Geld bestimmt sind.
– Das Anlagevermögen umfasst die Vermögensteile, die der Unternehmung für lange Zeit zur Nutzung bereitstehen.

d) Nach der Fälligkeit der Rückzahlung.

e) Die Summe der eingesetzten Mittel (Aktiven) steht mit der Summe der beschafften Mittel (Passiven) im Gleichgewicht.

2.3 Bilanz vom 31.12. 20_1

Aktiven			Passiven		
Umlaufvermögen			**Fremdkapital**		
Kasse	5		Kreditoren	70	
Post	20		Darlehen	15	85
Debitoren	30				
Warenvorrat	200	255			
Anlagevermögen			**Eigenkapital**		
Mobiliar	45		Eigenkapital		**220**
Fahrzeuge	5	50			
		305			305

2.4 Bilanz vom 31.12. 20_1

Aktiven			Passiven		
Umlaufvermögen			**Fremdkapital**		
Kasse	40		Kreditoren	80	
Post	20		Bankschuld	45	
Debitoren	50		Hypotheken	70	195
Rohmaterial	30				
Fertigfabrikate	40	180			
Anlagevermögen			**Eigenkapital**		
Maschinen	180		Eigenkapital		**300**
Mobiliar	10				
Lastwagen	25				
Immobilien	100	315			
		495			495

2.5

Bilanz vom 31.12. 20_1

Aktiven				Passiven		
Umlaufvermögen				**Fremdkapital**		
Kasse	6			Kreditoren	25	
Post	14			Hypothek	450	475
Debitoren	30					
Vorräte	30	80				
Anlagevermögen				**Eigenkapital**		
Mobilien	100			Eigenkapital		**525**
Geschirr/Besteck/ Wäsche	40					
Küchenmaschinen	80					
Immobilien	700	920				
		1 000				1 000

2.6

Bezeichnung	Einzelunter- nehmung	Kollektiv- gesellschaft	Aktien- gesellschaft	Gesellschaft mit beschränk- ter Haftung
Aktienkapital			X	
Kapital Meyer		X		
Reserven			X	X
Eigenkapital	X			
Kapital Brandenberger		X		
Gewinnvortrag			X	X
Stammkapital				X

2.7

Aktivposten	Handels- betrieb	Fabrikations- betrieb	Dienst- leistungs- betrieb
Kasse	X	X	X
Post	X	X	X
Bank	X	X	X
Debitoren	X	X	X
Warenvorrat	X		
Rohmaterial		X	
Fertigfabrikate		X	
Mobilien	X	X	X
Maschinen		X	
Immobilien	(X)	X	(X)

2.8

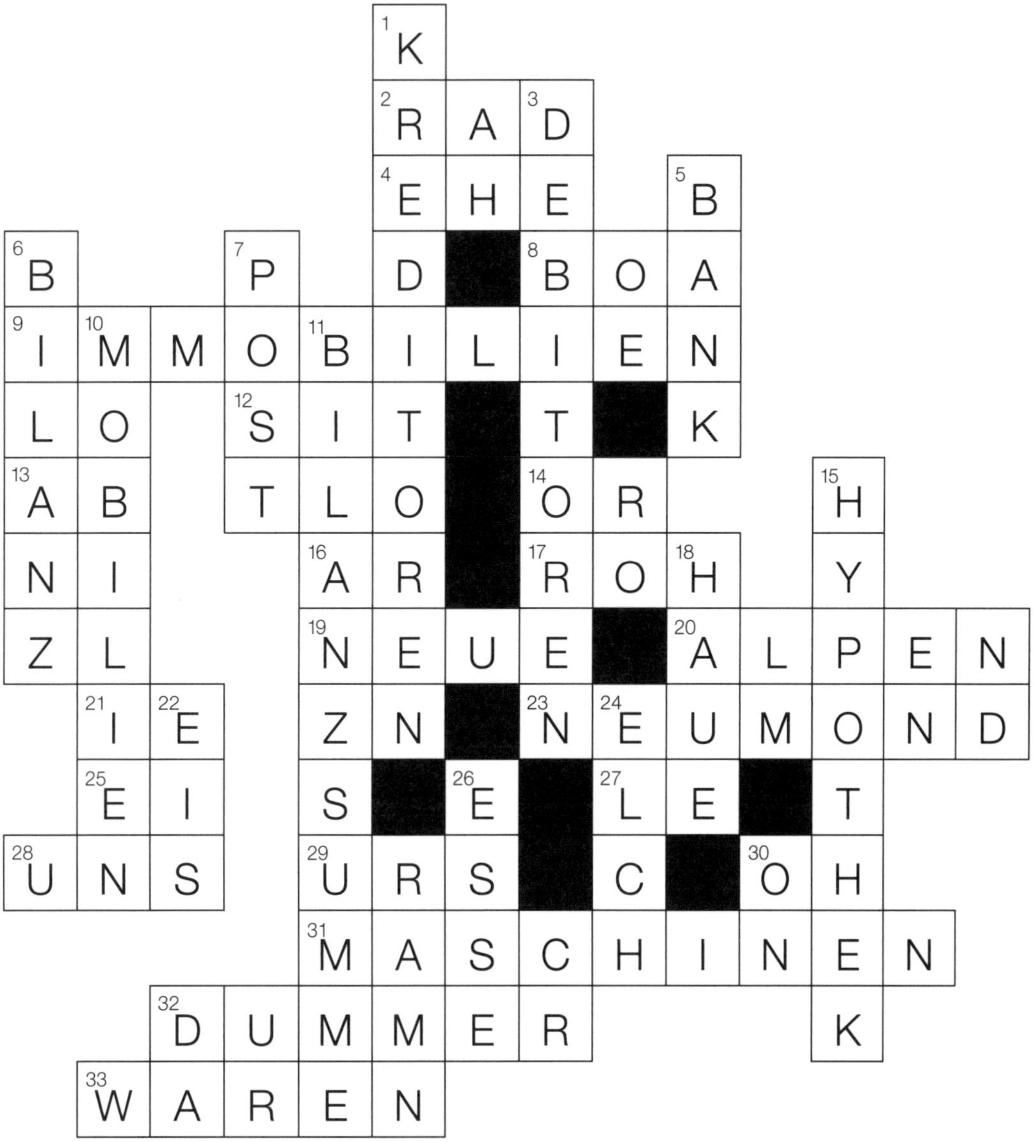

1 K
2 R A 3 D
4 E H E 5 B
6 B 7 P D 8 B O A
9 I 10 M M O 11 B I L I E N
L O 12 S I T T K
13 A B T L O 14 O R 15 H
N I 16 A R 17 R O 18 H Y
Z L 19 N E U E 20 A L P E N
21 I 22 E Z N 23 N 24 E U M O N D
25 E I S 26 E 27 L E T
28 U N S 29 U R S C 30 O H
31 M A S C H I N E N
32 D U M M E R K
33 W A R E N

2

3 Die Auswirkungen von Geschäftsfällen auf die Bilanz

3.1

Geschäftsfälle	Bilanzen (in Fr. 1000.–)	Auswirkungen in der Bilanz
a) 1.7. Eröffnung durch Kapitaleinlage	**Bilanz vom 1.7.** a | p Bank 20 | Eigenkapital 20	+ Aktiven + Passiven = Kapitalbeschaffung
b) 3.7. Kauf von Mobiliar auf Kredit für Fr. 9000.–	**Bilanz vom 3.7.** a | p Bank 20 | Kreditoren 9 Mobiliar 9 | Eigenkapital 20 29 | 29	+ Aktiven + Passiven = Kapitalbeschaffung
5.7. Bankzahlung an die Kreditoren Fr. 3000.–	**Bilanz vom 5.7.** a | p Bank 17 | Kreditoren 6 Mobiliar 9 | Eigenkapital 20 26 | 26	– Aktiven – Passiven = Kapitalrückzahlung
11.7. Barbezug ab Bankkonto Fr. 3000.– Das Geld wird in die Kasse gelegt.	**Bilanz vom 11.7.** a | p Kasse 3 | Kreditoren 6 Bank 14 | Eigenkapital 20 Mobiliar 9 | 26 | 26	+ Aktiven – Aktiven = Aktivtausch
15.7. Ein Freund gewährt ein Darlehen von Fr. 5000.–, das zur Zahlung von Kreditoren benutzt wird.	**Bilanz vom 15.7.** a | p Kasse 3 | Kreditoren 1 Bank 14 | Darlehen 5 Mobiliar 9 | Eigenkapital 20 26 | 26	– Passiven + Passiven = Passivtausch

c) Weil jeder Geschäftsfall immer zwei Bilanzpositionen zugleich verändert.

3.2

Geschäftsfall	Bilanzpositionen
1. Wir heben bei der Post Bargeld ab.	+ Kasse – Post
2. Wir kaufen Mobiliar und zahlen bar.	**+ Mobiliar** **– Kasse**
3. Einen Kreditor bezahlen wir durch Banküberweisung (Bankschuld)	**– Kreditoren** **+ Bankschuld**
4. Ein Kunde zahlt auf unser Bankkonto (Bankschuld) ein.	**– Bankschuld** **– Debitoren**
5. Unser altes Auto verkaufen wir bar.	**+ Kasse** **– Fahrzeuge**
6. Ein Freund gewährt uns ein Darlehen, das er auf die Post einzahlt.	**+ Post** **+ Darlehensschuld**
7. Der Geschäftsinhaber erhöht seine Kapitaleinlage durch eine Einzahlung auf das Postkonto.	**+ Post** **+ Eigenkapital**
8. Wir kaufen einen Computer auf Kredit.	**+ Mobiliar** **+ Kreditoren**
9. Wir zahlen einen Teil der Hypothekarschuld über die Post zurück.	**– Hypotheken** **– Post**

Bilanz vom 31. 1. 20_1

3.3

Aktiven		Passiven	
Kasse	100	Kreditoren	6 000
Post	2 300	Darlehen	20 000
Bank	200	Eigenkapital	42 000
Debitoren	4 500		
Vorräte	50 000		
Mobilien	10 900		
	68 000		68 000

Diese «Technik» der Buchführung wäre sehr unübersichtlich. In Kapitel 4 lernen Sie deshalb, wie mithilfe von Konten auch ein umfangreicher Geschäftsverkehr bewältigt werden kann.

4   Die Aktiv- und Passivkonten

4.1 a) Dieser Bestand wird aus der letzten Periode auf die neue Periode übertragen, d.h. vorgetragen. Der Kassenbestand beträgt Anfang Februar Fr. 1375.–.

b)–d)

Datum	Text	Betrag	
		Soll	Haben
1.2.	Saldovortrag (Anfangsbestand)	1 375.–	
3.2.	Kauf von 4 Winterpneus, bar		708.–
5.2.	Bareinlage ab dem Bankkonto	500.–	
8.2.	Bezahlung für Büromaterial		173.–
11.2.	Spesenvorschuss an K. Hedinger		400.–
12.2.	Barbezug ab Postkonto	1 500.–	
17.2.	Barkauf eines Bürostuhls		261.–
17.2.	Autoreparaturen bar bezahlt		714.–
20.2.	Barspende für ein Hilfswerk		30.–
25.2.	Reisespesen bar vergütet		83.–
27.2.	Barverkauf Schreibmaschine	150.–	
28.2.	Saldo (Endbestand)		1 156.–
		3 525.–	3 525.–
1.3.	Saldovortrag (Anfangsbestand)	1 156.–	

e) Alle Geschäftsfälle, die eine Zunahme des Bestandes bewirken, sind im Soll, alle, die eine Abnahme bewirken, im Haben eingetragen worden.

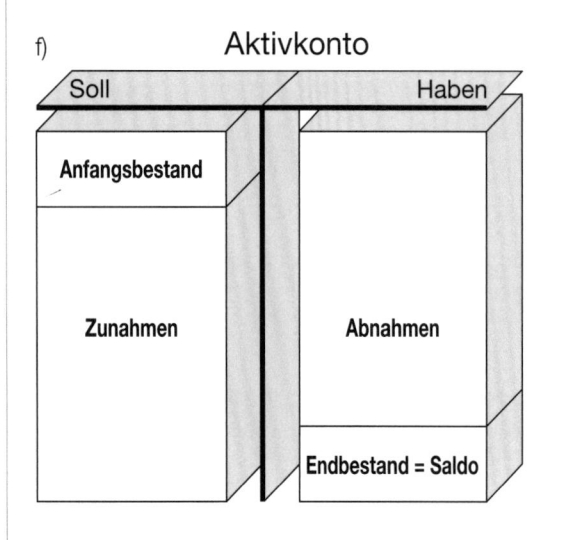

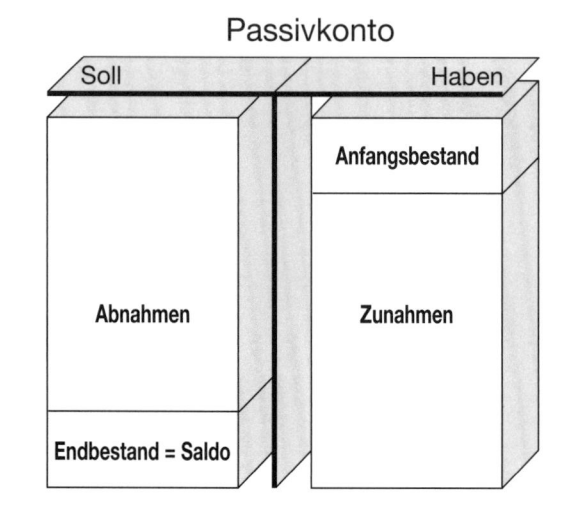

f)

Aktivkonto

Soll	Haben
Anfangsbestand	
Zunahmen	Abnahmen
	Endbestand = Saldo

Passivkonto

Soll	Haben
	Anfangsbestand
Abnahmen	Zunahmen
Endbestand = Saldo	

4.2 Post

Datum	Text	Betrag	
		Soll	Haben
1. 12.	Saldovortrag (Anfangsbestand)	9 207.-	
3. 12.	Zahlung an Kreditor R. Kunz		1 005.-
5. 12.	Zahlungen der Krankenkasse Helsana	6 324.-	
11. 12.	Barbezug M. Rohrer		3 000.-
13. 12.	Zahlung von K. Inauen	1 350.-	
17. 12.	Zahlung an Dr. P. Märki		475.-
21. 12.	Mietzinszahlung		2 100.-
23. 12.	Zahlung der Zürich-Unfall	2 873.-	
27. 12.	Zahlung der Concordia-Versicherung	4 218.-	
29. 12.	Zahlung gemäss Zahlungsauftrag der Post		3 278.-
31. 12.	Telefongebühren		461.-
31. 12.	Saldo (Endbestand)		13 653.-
		23 972.-	23 972.-
1. 1.	**Saldovortrag (Anfangsbestand)**	13 653.-	

4.3 Debitoren

Datum	Text	Betrag	
		Soll	Haben
1. 7.	Saldovortrag (Anfangsbestand)	12 700.-	
12. 7.	Zahlung von Debitor I. Geier		1 150.-
26. 7.	Warenlieferung an P. Höhn	2 400.-	
3. 8.	Zahlung von F. Schalcher		3 100.-
20. 8.	Zahlung von P. Höhn		2 400.-
19. 9.	Warenlieferung an K. Louis	820.-	
28. 9.	Gutschrift an K. Louis		150.-
30. 9.	Zahlung von M. Hinnen & Co.		4 180.-
30. 9.	Saldo (Endbestand)		4 940.-
		15 920.-	15 920.-
1. 10.	**Saldovortrag (Anfangsbestand)**	4 940.-	

4.4 Kreditoren

Datum	Text	Betrag	
		Soll	Haben
1. 6.	Saldovortrag (Anfangsbestand)		9 200.–
3. 6.	Postzahlung an H. Bossart	600.–	
7. 6.	Warenlieferung von Nussbaumer		**19 120.–**
12. 6.	Warenlieferung von Bullinger		**1 125.–**
19. 6.	Zahlung an Schläpfer durch Bank	**6 500.–**	
20. 6.	Rabatt von Nussbaumer	**1 900.–**	
21. 6.	Zahlung an Nussbaumer durch die Bank	**17 220.–**	
25. 6.	Postzahlung an Haller	**2 275.–**	
29. 6.	Warenlieferung von Walser		**934.–**
30. 6.	**Saldo (Endbestand)**	**1 884.–**	
		30 379.–	30 379.–
1. 7.	**Saldovortrag (Anfangsbestand)**		**1 884.–**

4.5 a)

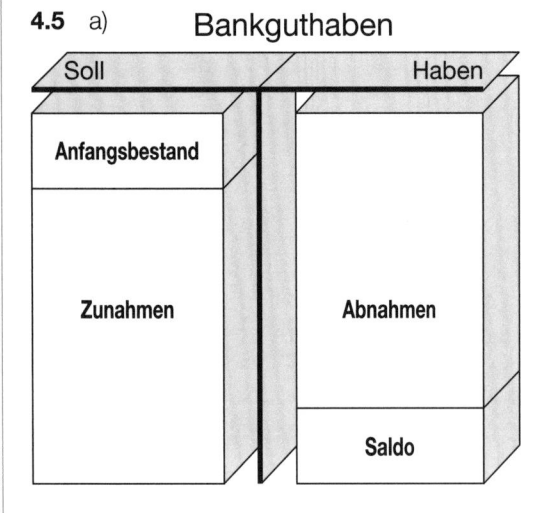

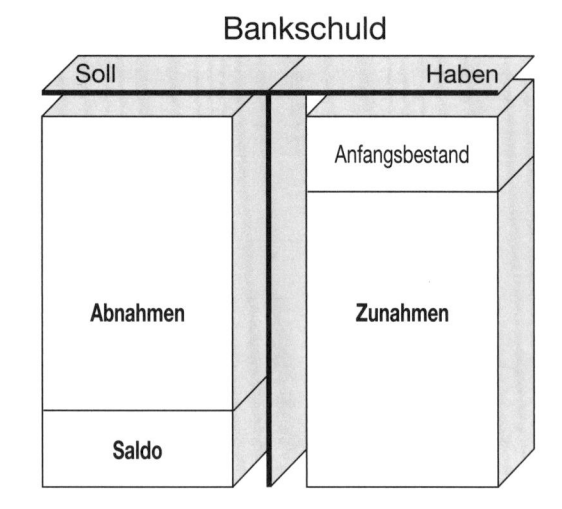

Bankguthaben

Soll	Haben
Anfangsbestand	Abnahmen
Zunahmen	Saldo

Bankschuld

Soll	Haben
	Anfangsbestand
Abnahmen	Zunahmen
Saldo	

b) Bei einem Guthaben steht der Anfangsbestand im Soll, bei einer Schuld steht er im Haben.

c) Er bewirkt entweder eine Abnahme des Bankguthabens (im Aktivkonto) oder eine Zunahme der Bankschuld (im Passivkonto).

d) **Bank Z**

Datum	Text	Betrag Soll	Haben
1. April	Saldovortrag (3 000.–)	3 000.–	
2. April	Zahlung an Kreditor Fetz (1 000.–)		1 000.–
8. April	Überweisung von Debitor N. Kunz (2 700.–)	2 700.–	
20. April	Lohnzahlungen an Angestellte (6 500.–)		6 500.–
21. April	Überweisung von Debitor K. Schatzmann (900.–)	900.–	
24. April	Überweisung auf Postkonto (5 000.–)		5 000.–
26. April	Gutschrift für Wertschriftenverkauf (12 000.–)	12 000.–	
28. April	Zahlung an Kreditor Zoss (7 850.–)		7 850.–
30. April	Saldo	1 750.–	
		20 350.–	20 350.–
1. Mai	Saldovortrag		1 750.–

e) Das Konto ist am Anfang aktiv (Anfangsbestand im Soll), wird aber dann passiv (Saldo im Soll).

4.6 a)

Aktiven	Gründungsbilanz vom 1.9.20_4		Passiven
Bank	30 000	Eigenkapital	30 000

b), d) und e) **Hauptbuch**

Aktivkonten

S	Kasse		H
	2 000		1 000
		Saldo	1 000
	2 000		2 000

S	Post		H
	5 000		2 000
		Saldo	3 000
	5 000		5 000

S	Bank		H
Anfangsbestand	30 000		5 000
	50 000		8 000
			12 000
		Saldo	55 000
	80 000		80 000

S	Mobiliar		H
	8 000	Saldo	61 000
	1 000		
	52 000		
	61 000		61 000

Passivkonten

S	Kreditoren		H
	8 000		8 000
	12 000		52 000
Saldo	40 000		
	60 000		60 000

S	Darlehen		H
Saldo	50 000		50 000

S	Eigenkapital		H
Saldo	30 000	Anfangsbestand	30 000

f)

Aktiven	Schlussbilanz vom 30.9.20_4		Passiven
Kasse	1 000	Kreditoren	40 000
Post	3 000	Darlehen	50 000
Bank	55 000	Eigenkapital	30 000
Mobiliar	61 000		
	120 000		120 000

4.6 c) Journal

Datum	Geschäftsfall	Buchungssatz		Betrag in Fr.
		Soll	Haben	
2. 9.	Kauf von Mobiliar auf Kredit für Fr. 8000.–	Mobiliar	Kreditoren	8 000.–
3. 9.	Eröffnung eines Postkontos. Banküberweisung Fr. 5000.–	Post	Bank	5 000.–
7. 9.	Banküberweisung für die Rechnung vom 2. 9.	Kreditoren	Bank	8 000.–
8. 9.	Von der Post werden Fr. 2000.– bezogen und in die Geschäftskasse gelegt.	Kasse	Post	2 000.–
17. 9.	Barkauf eines Hellraumprojektors für Fr. 1000.–	Mobiliar	Kasse	1 000.–
19. 9.	Kauf von 20 Personal-Computern auf Kredit für Fr. 52000.–	Mobiliar	Kreditoren	52 000.–
20. 9.	P. Moser gewährt ein fünfjähriges Darlehen an die Schule von Fr. 50000.–. Die Zahlung erfolgt auf die Bank.	Bank	Darlehen	50 000.–
25. 9.	Dem Computer-Lieferanten wird eine erste Rate von Fr. 12000.– durch die Bank überwiesen.	Kreditoren	Bank	12 000.–

4.7 a)

Eröffnungsbilanz 1. 1. 20_2

a		p	
Kasse	500	Kreditoren	700
Post	2 200	Eigenkapital	5 800
Debitoren	1 800		
Mobilien	2 000		
	6 500		6 500

b), c) **Hauptbuch**

Kasse				Post			
500		1 300		2 200		1 200	
1 200	S	1 500		1 400		600	
200						1 500	
900					S	300	
2 800		2 800		3 600		3 600	

Debitoren				Mobilien			
1 800		1 400		2 000		900	
		200		1 300	S	6 150	
	S	200		3 750			
1 800		1 800		7 050		7 050	

	Kreditoren				Eigenkapital		
	600	700					
	1 500	3 750					
S	2 350			S	5 800	S	5 800
	4 450	4 450					

d)

Schlussbilanz 31. 3. 20_2

a		p	
Kasse	1 500	Kreditoren	2 350
Post	300	Eigenkapital	5 800
Debitoren	200		
Mobilien	6 150		
	8 150		8 150

4.7 c) **Journal**

Datum	Geschäftsfall	Buchungssatz		Betrag in Fr.
		Soll	Haben	
15. 1.	Debitor K. Käser überweist Fr. 1400.– auf das Postkonto.	Post	Debitoren	1 400.–
30. 1.	Barbezug ab dem Postkonto Fr. 1200.–.	Kasse	Post	1 200.–
1. 2.	Barkauf einer elektrischen Töpferscheibe für Fr. 1300.–.	Mobilien	Kasse	1 300.–
19. 2.	Debitor A. Stähli bezahlt bar Fr. 200.–.	Kasse	Debitoren	200.–
11. 3.	Überweisung von Fr. 600.– an Kreditor A. Häni durch die Post.	Kreditoren	Post	600.–
15. 3.	Barverkauf des alten Brennofens für Fr. 900.–.	Kasse	Mobilien	900.–
20. 3.	Rechnung von Kreditor S. Michel für einen neuen Brennofen für Fr. 3750.–.	Mobilien	Kreditoren	3 750.–
29. 3.	Postüberweisung der 1. Rate von Fr. 1500.– an Kreditor S. Michel.	Kreditoren	Post	1 500.–

5 Die Erfolgsrechnung

5.1

Erfolgsrechnung 20_1

Aufwand		Ertrag	
Warenaufwand	150 000	Verkaufserlös	230 000
Personalaufwand	40 000		
Mietaufwand	17 000		
Übriger Betriebsaufwand	9 000		
Gewinn	**14 000**		
	230 000		230 000

5.2

Erfolgsrechnung 20_1

Aufwand		Ertrag	
Warenaufwand	690 000	Verkaufserlös	998 000
Personalaufwand	120 000		
Raumaufwand	87 000		
Zinsaufwand	20 000		
Abschreibung Ladeneinricht.	13 000		
Sachversicherungsprämien	2 000		
Büro und Verwaltung	12 000		
Werbeaufwand	50 000		
Atelieraufwand	14 000	**Verlust**	**10 000**
	1 008 000		1 008 000

5.3

a) Handelsbetrieb — Erfolgsrechnung

Aufwand	Ertrag
Warenaufwand	Warenertrag
Personalaufwand	
Mietaufwand	
Diverser Aufwand	
Gewinn	

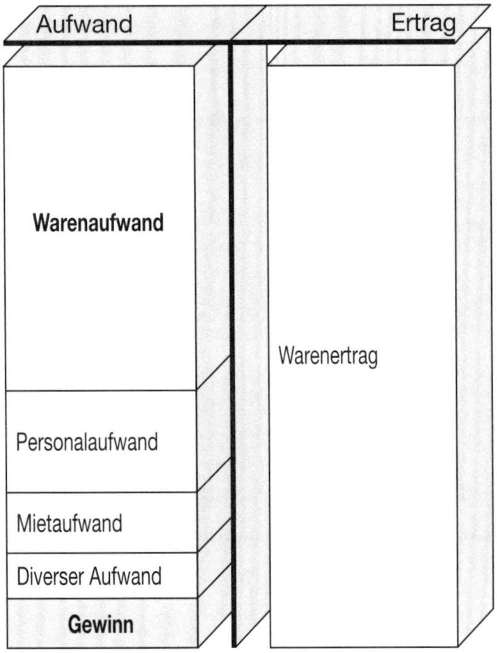

b) Fabrikationsbetrieb — Erfolgsrechnung

Aufwand	Ertrag
Materialaufwand	Fabrikateverkaufserlös
Personalaufwand	
Mietaufwand	
Kapitalzinsen	
Unterhalt und Rep.	
Abschreibungen	
Verwaltungs- und Vertriebsaufwand	**Verlust**

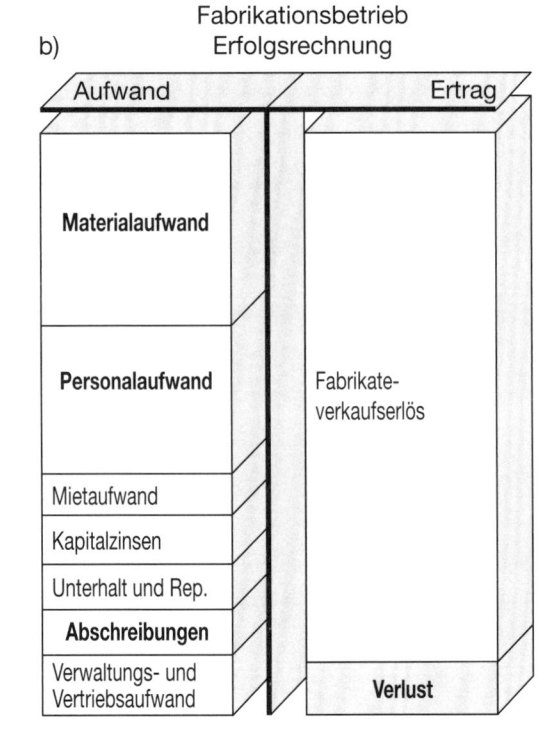

c) Fluggesellschaft — Erfolgsrechnung

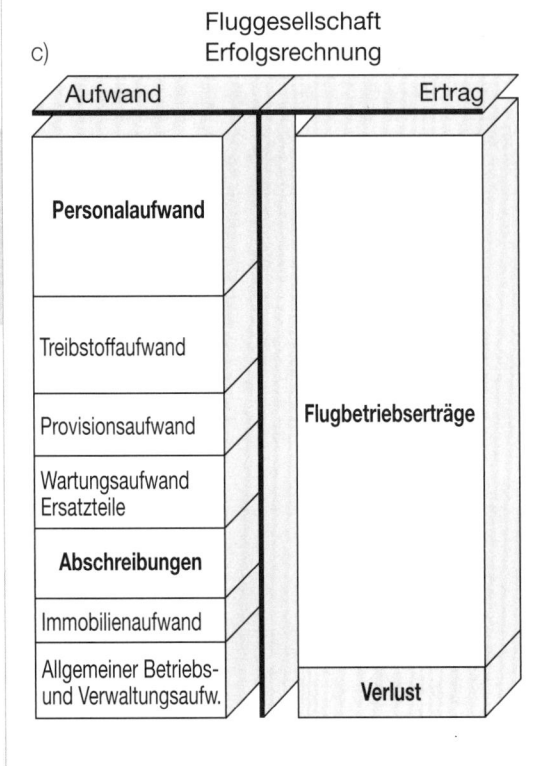

Aufwand	Ertrag
Personalaufwand	Flugbetriebserträge
Treibstoffaufwand	
Provisionsaufwand	
Wartungsaufwand Ersatzteile	
Abschreibungen	
Immobilienaufwand	
Allgemeiner Betriebs- und Verwaltungsaufw.	**Verlust**

d) Kino — Erfolgsrechnung

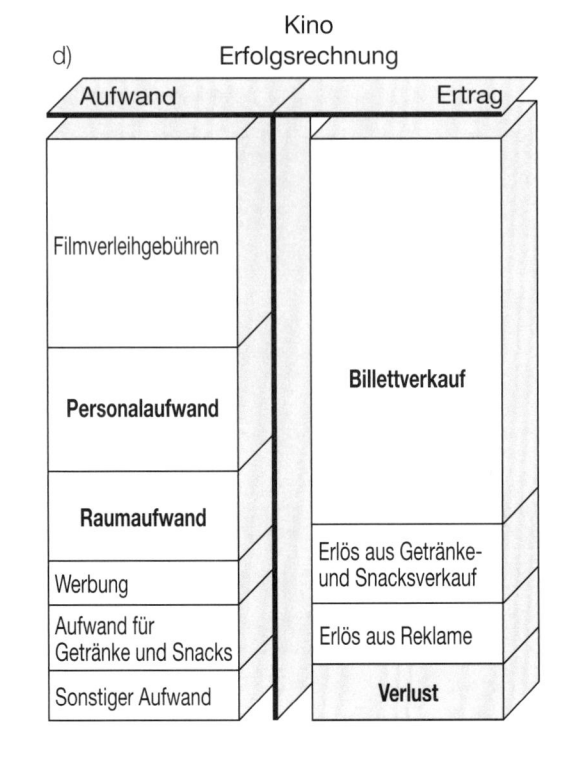

Aufwand	Ertrag
Filmverleihgebühren	**Billettverkauf**
Personalaufwand	
Raumaufwand	Erlös aus Getränke- und Snackverkauf
Werbung	
Aufwand für Getränke und Snacks	Erlös aus Reklame
Sonstiger Aufwand	**Verlust**

5.4

Bilanz vom 31. 12. 20_1
(in Fr. 1000.–)

Aktiven / Passiven

Umlaufvermögen			Fremdkapital		
Flüssige Mittel	20		Kreditoren	70	
Debitoren	85		Hypotheken	400	470
Vorräte	10	115			
Anlagevermögen			**Eigenkapital**		
Einrichtungen	30		Aktienkapital	200	
Fahrzeuge	5		Reserven	70	
Liegenschaft	600	635	Gewinnvortrag	10	280
		750			750

Erfolgsrechnung für 20_1
(in Fr. 1000.–)

Aufwand / Ertrag

Verbrauch an Material und Farben	260	Ertrag Spenglerei	450
Löhne und Sozialleistungen	320	Ertrag Malerei	350
Hypothekarzinsen	20		
Abschreibungen	60		
Übriger Aufwand	100		
Gewinn	**40**		
	800		800

6 Die Aufwands- und Ertragskonten

6.1 a) Aufwandsverbuchung

Geschäftsfall	Bilanzkonto	Aufwandskonto	Auswirkungen
1. Postüberweisung für die Juli-Miete Fr. 2000.–	Post | 2 000	Miete 2 000 |	+ Aufwand – Aktiven
2. Banküberweisung für die Juli-Löhne Fr. 5000.–	Bankschuld | 5 000	Gehälter 5 000 |	+ Aufwand + Fremdkapital

Ertragsverbuchung

Geschäftsfall	Bilanzkonto	Ertragskonto	Auswirkungen
3. Versand von Rechnungen für ausgeführte Schreibarbeiten Fr. 8000.–	Debitoren 8 000 |	Ertrag aus Kundenaufträgen | 8 000	+ Aktiven + Ertrag
4. Ein Kunde bezahlt die ausgeführte Arbeit sofort mit einem Bankcheck von Fr. 3000.–. (Es wurde keine Rechnung verschickt.)	Bankschuld 3 000 |	| 3 000	– Fremdkapital + Ertrag

b)

Aufwandskonto

Soll	Haben
Zunahmen	Aufwandsminderungen
	Saldo

Ertragskonto

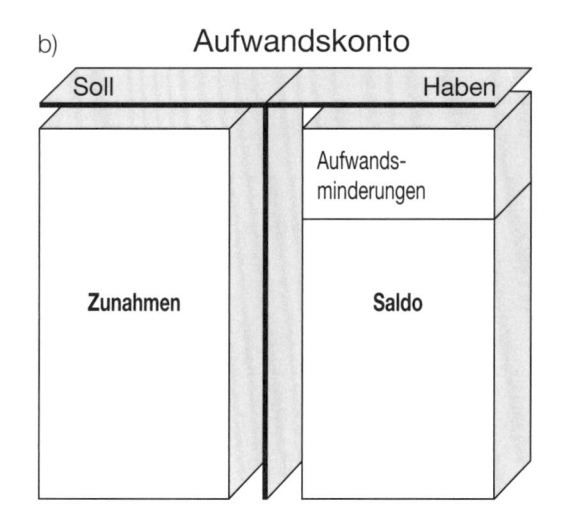

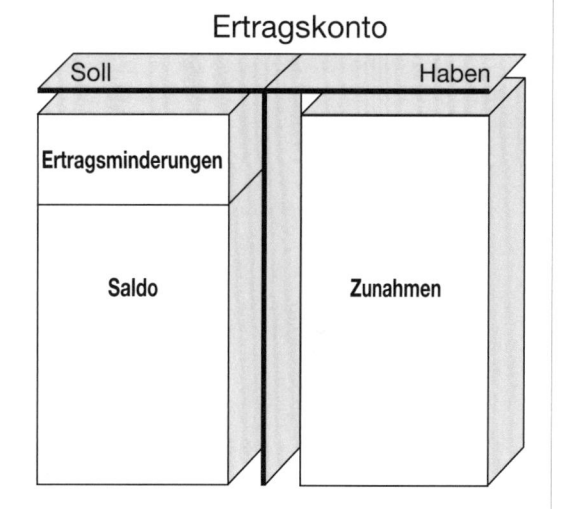

Soll	Haben
Ertragsminderungen	Zunahmen
Saldo	

c) Die Konten der Erfolgsrechnung beziehen sich auf eine Periode. Die Aufzeichnungen beginnen jede Periode wieder neu.

d) Erhaltene Rabatte und Skonti, Gutschriften für Rücksendungen mangelhafter Ware.

e) Gewährte Rabatte und Skonti, Gutschriften für Rücknahmen mangelhafter Ware.

f) In die Erfolgsrechnung.

g) Weil die Eintragungen in diesen Konten den Periodenerfolg beeinflussen.

h) Es gibt keine Anfangsbestände.

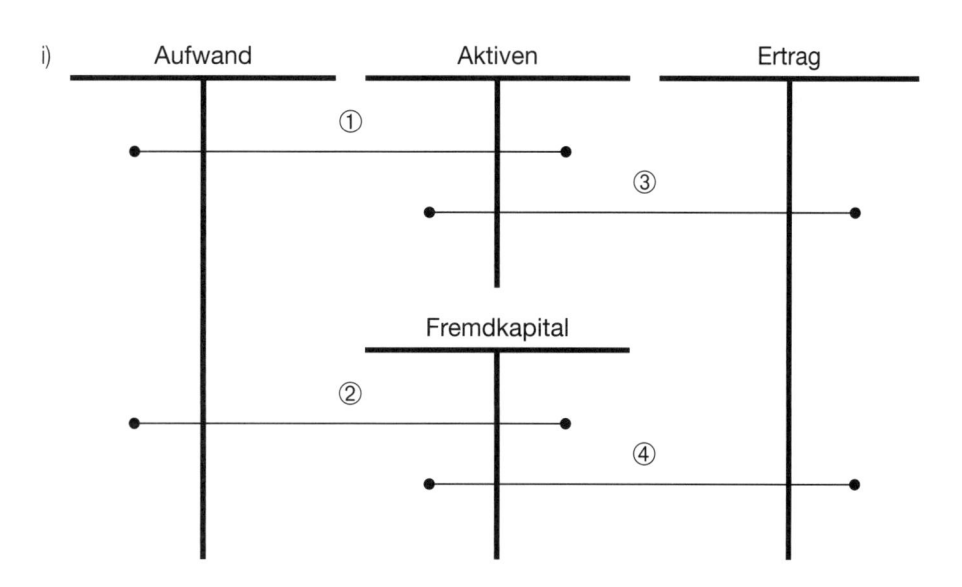

i)

Aufwand	Aktiven	Ertrag
①		
	③	

Fremdkapital
②
④

6.2 Unterhalt und Reparaturen

Datum	Text	Betrag	
		Soll	Haben
10.1.	Rechnung von Spengler A. Weiner	1 900.-	
23.1.	Rechnung der Pinsel AG	6 000.-	
13.2.	Rabatt der Pinsel AG		600.-
5.3.	Barkauf von Dichtungen	200.-	
20.3.	Revision Maschine	3 000.-	
31.3.	Rückforderung MWST		742.-
31.3.	Saldo		9 758.-
		11 100.-	11 100.-

6.3 Verkaufserlös

Datum	Text	Betrag Soll	Haben
18.1.	Rechnungen an Kunden		8 000.-
31.1.	Kassaverkäufe im Januar		105 000.-
20.2.	Rabatt auf Rechnung vom 18. 1.	400.-	
28.2.	Kassaverkäufe im Februar		66 000.-
3.3.	Barentschädigung für Rücknahmen	1 800.-	
31.3.	Kassaverkäufe im März		70 000.-
31.3.	Geschuldete MWST für das 1. Quartal	17 432.-	
31.3.	Saldo	229 368.-	
		249 000.-	249 000.-

6.4

Nr.	Buchungssatz		Geschäftsfall	erfolgs-wirksam	erfolgs*un*-wirksam
	Soll	Haben			
1.	Debitoren	Warenertrag	**Warenverkauf auf Kredit**	X	
2.	Raumaufwand	Post	**Miete durch Post bezahlt**	X	
3.	Mobiliar	Kreditoren	**Mobiliarkauf auf Kredit**		X
4.	Post	Eigenkapital	**Erhöhung der Kapitaleinlage durch Posteinzahlung**		X
5.	Kasse	Bank	**Barbezug ab Bankkonto**		X
6.	Zinsaufwand	Bank	**Bankbelastung für Zinsen**	X	
7.	Reparaturen	Kasse	**Barzahlung von Reparaturen**	X	
8.	Abschreibungen	Einrichtungen	**Abschreibungen auf Einrichtungen**	X	
9.	Warenertrag	Debitoren	**Warenrücknahme**	X	
10.	Bank	Eigenkapital	**Wirz erhöht seine Kapitaleinlage über die Bank**		X
11.	Post	Debitoren	**Debitoren zahlen auf Post**		X
12.	Werbung	Kreditoren	**Rechnung für Inserate**	X	
13.	Kreditoren	Bank	**Banküberweisung an Kreditoren**		X
14.	Lohnaufwand	Post	**Postzahlung von Löhnen**	X	
15.	Debitoren	Maschinen	**Verkauf einer Maschine auf Kredit**		X
16.	Bank	Zinsertrag	**Bankgutschrift für Zinsen**	X	
17.	Büromaterialverbrauch	Kasse	**Barkauf von Büromaterial**	X	
18.	Lohnaufwand	Kasse	**Barzahlung von Löhnen**	X	

6.5 a)

Nr.	Geschäftsfall	Buchungssatz		Auswirkungen	
		Soll	Haben	Soll	Haben
1.	Die Löhne werden durch die Post überwiesen.	Lohnaufwand	Post	+ A	– a
2.	Büromobiliar wird auf Kredit eingekauft.	Mobiliar	Kreditoren	+ a	+ p
3.	Die Post belastet unser Konto für die Telefontaxen und -gebühren.	Übriger Aufwand	Post	+ A	– a
4.	Wir zahlen an unsere Kreditoren durch Banküberweisung (Bank = p).	Kreditoren	Bank	– p	+ p
5.	Die Bank belastet uns die Darlehenszinsen (Bank = p).	Zinsaufwand	Bank	+ A	+ p
6.	Wir erhalten die Rechnung für ausgeführte Reparaturen.	Reparaturen	Kreditoren	+ A	+ p
7.	Wir verkaufen unsere erzeugten Produkte bar.	Kasse	Produkteverkauf (Fabrikateertrag)	+ a	+ E
8.	Die Geschäftsmiete wird durch die Post überwiesen.	Miete	Post	+ A	– a
9.	Auf den Maschinen schreiben wir ab.	Abschreibungen	Maschinen	+ A	– a
10.	Debitoren bezahlen auf unser Postkonto.	Post	Debitoren	+ a	– a
11.	Wir erhalten die Rechnung für eine Werbeberatung.	Werbung	Kreditoren	+ A	+ p
12.	Verkauf eines Landstückes gegen bar.	Kasse	Immobilien	+ a	– a
13.	Der Kontokorrentzins wird durch die Bank (a) gutgeschrieben.	Bank	Zinsertrag	+ a	+ E

b)

	Gewinnänderung
Buchung Nr. 7	Abnahme
Buchung Nr. 9	Zunahme
Buchung Nr. 12	keine Änderung

7 Der Jahresabschluss

7.1 a) und c) bis e) siehe nächste Seite.

b) **Journal**

Nr.	Buchungssatz		Geschäftsfälle	Betrag
	Soll	Haben		
1.	**Kasse**	**Bank**	Barbezüge ab Bankkonto	118
2.	**Personalaufwand**	**Bank**	Lohnzahlungen durch die Bank	145
3.	**Bank**	**Transportertrag**	Transportertrag auf Bank einbezahlt	330
4.	**Übriger Aufwand**	**Kasse**	Benzin, Öl und Pneus bar bezahlt	120
5.	**Übriger Aufwand**	**Bank**	Reparaturen und Unterhalt durch Bank bezahlt	12
6.	**Abschreibungen**	**Fahrzeuge**	Abschreibungen auf Fahrzeugen	15
7.	**Übriger Aufwand**	**Bank**	Steuern, Versicherungen und Zinsen durch Bank bezahlt	18

f) Der Ertrag ist grösser als der Aufwand. Das Vermögen übersteigt die Passiven. Es handelt sich also um einen Gewinn.

a) und c) bis e)

Bestandesrechnung

a	Eröffnungsbilanz am 1.1.20_1		p
Kasse	5	Bank	15
Fahrzeuge	45	Eigenkapital	35
	50		50

Kasse			
AB	5		120
	118	S	3
	123		123

Fahrzeuge			
AB	45		15
		S	30
	45		45

Bank			
	330	AB	15
			145
			118
			12
			18
		S	22
	330		330

Eigenkapital			
S	35	AB	35

Erfolgsrechnung

Personalaufwand			
	145	S	145

Transportertrag			
S	330		330

Übriger Aufwand			
	120	S	150
	12		
	18		
	150		150

Abschreibungen			
	15	S	15

a	Schlussbilanz am 31.12.20_1		p
Kasse	3	Eigenkapital	35
Bank❶	22	Gewinn	20
Fahrzeuge	30		
	55		55

A	Erfolgsrechnung für 20_1		E
Personalaufwand	145	Transportertrag	330
Übriger Aufwand	150		
Abschreibungen	15		
Gewinn	20		
	330		330

❶ Achtung, die Bank wechselt vom Passivum zum Aktivum!

7.2

Bestandesrechnung

a	Eröffnungsbilanz am 1.1.20_3		p
Bank	25	Eigenkapital	60
Debitoren	15		
Mobiliar	20		
	60		60

	Bank				Eigenkapital	
AB	25		18	S	60	AB	60
	150		120				
	1		4				
			6				60
		S	28	S	78		18
	176		176		78		78

	Debitoren		
AB	15		150
	170	S	35
	185		185

	Mobiliar		
AB	20		5
		S	15
	20		20

a	Schlussbilanz vor Gewinnverbuchung am 31.12.20_3		p
Bank	28	Eigenkapital	60
Debitoren	35	Gewinn	18
Mobiliar	15		
	78		78

a	Schlussbilanz nach Gewinnverbuchung am 31.12.20_3		p
Bank	28	Eigenkapital	78
Debitoren	35		
Mobiliar	15		
	78		78

Erfolgsrechnung

	Personalaufwand				Vermittlungs-provisionen	
	120	S	120	S	170	170

	Raumaufwand				Zinsertrag	
	18	S	22	S	1	1
	4					
	22		22			

	Übriger Aufwand		
	5	S	11
	6		
	11		11

A	Erfolgsrechnung für 20_3		E
Personalaufwand	120	Vermittlungs-provisionen	170
Raumaufwand	22	Zinsertrag	1
Übriger Aufwand	11		
Gewinn	18		
	171		171

c) **Journal**

Nr.	Buchungssatz		Geschäftsfälle	Betrag
	Soll	Haben		
1.	Raumaufwand	Bank	Bezahlung der Geschäftsmiete durch die Bank	18
2.	Debitoren	Vermittlungsprovisionen	Rechnungen an Kunden für erfolgreiche Vermittlungen	170
3.	Bank	Debitoren	Debitorenzahlungen auf die Bank	150
4.	Personalaufwand	Bank	Lohnzahlungen durch die Bank	120
5.	Raumaufwand	Bank	Reinigungs- und Heizkosten durch Bank bezahlt	4
6.	Übriger Aufwand	Mobiliar	Abschreibungen auf dem Büromobiliar	5
7.	Übriger Aufwand	Bank	Bankzahlungen für Versicherungen, Telefon und übrige Betriebsaufwendungen	6
8.	Bank	Zinsertrag	Gutschrift für Bankzinsen	1

7.3

Nr.	Aktiven gemäss Schlussbilanz vor Gewinnverbuchung	Passiven gemäss Schlussbilanz vor Gewinnverbuchung	Aufwand	Ertrag	Erfolg (Gewinn+/Verlust−)	
1.	2 000.–	1 800.–	**7 800.–**	8 000.–	+	**200.–**
2.	6 000.–	5 000.–	14 000.–	**15 000.–**	+	**1 000.–**
3.	**10 000.–**	8 000.–	**29 000.–**	31 000.–	+	2 000.–
4.	17 500.–	**19 000.–**	111 000.–	**109 500.–**	−	**1 500.–**
5.	**75 000.–**	60 000.–	175 000.–	190 000.–	+	**15 000.–**
6.	55 000.–	**37 000.–**	210 000.–	**228 000.–**	+	18 000.–
7.	**126 000.–**	99 000.–	318 000.–	**345 000.–**	+	27 000.–
8.	420 000.–	450 000.–	**1 015 000.–**	985 000.–	−	**30 000.–**
9.	**48 000.–**	75 000.–	680 000.–	653 000.–	−	**27 000.–**
10.	**178 000.–**	120 000.–	**502 000.–**	560 000.–	+	58 000.–
11.	215 000.–	215 000.–	**1 200 000.–**	1 200 000.–		–.–
12.	**10 600.–**	11 800.–	**60 800.–**	59 600.–	−	1 200.–

7.4

Schlussbilanz nach Gewinnverbuchung

Aktiven	a)	b)	c)	Passiven	a)	b)	c)
Umlaufvermögen				**Fremdkapital**			
Kasse	27	27	27	Kreditoren	92	92	92
Post	35	9	35	Bank	14	14	40
Debitoren	50	50	50	Darlehen	500	500	500
Werkzeuglager	1 200	1 200	1 200				
Anlagevermögen				**Eigenkapital**	776	750	750
Mobiliar	70	70	70				
	1 382	1 356	1 382		1 382	1 356	1 382

7.5

a	Eröffnungsbilanz am 1.1.20_1		p
Kasse	9	Kreditoren	135
Post	14	Bank	250
Debitoren	115	Eigenkapital	615
Warenlager	820		
Mobiliar	42		
	1 000		1 000

Kasse				Post				Debitoren				Warenlager			
AB	9		420	AB	14		8	AB	115		231	AB	820		30
	441	S	30			S	6		220	S	104			S	790
	450		450		14		14		335		335		820		820
	30				6				104				790		

Mobiliar				Kreditoren				Bank				Eigenkapital			
AB	42		7		435	AB	135		231	AB	250	S	615	AB	615
		S	35	S	115		415		420		36				
								S	296		125				
											73		61		615
											28	S	554		
											435				
	42		42		550		550		947		947		615		615
	35						115		296						554

Warenaufwand				Personalaufwand				Übriger Aufwand				Warenertrag			
	415	S	445		125	S	125		36	S	152	S	661		220
	30								73						441
									7						
									28						
									8						
	445		445						152		152		661		661

Schlussbilanz vor Gewinn-verbuchung vom 31.12.20_1				A	Erfolgsrechnung 20_1	E		Schlussbilanz nach Gewinn-verbuchung vom 31.12.20_1			
Kasse	30	Kreditoren	115	Waren-		Waren-		Kasse	30	Kreditoren	115
Post	6	Bank	296	aufwand	445	verkauf	661	Post	6	Bank	296
Debitoren	104	Eigenkapital	615	Personal-		Verlust	61	Debitoren	104	Eigenkapital	554
Warenlager	790			aufwand	125			Warenlager	790		
Mobiliar	35			Übriger				Mobiliar	35		
Verlust	61			Aufwand	152						
	1 026		1 026		722		722		965		965

Buchungssätze und g) auf der nächsten Seite.

7.5 c)
1. Debitoren/Warenertrag — 220
2. Übriger Aufwand/Bank — 36
3. Warenaufwand/Kreditoren — 415
4. Personalaufwand/Bank — 125
5. Bank/Debitoren — 231
6. Kasse/Warenertrag — 441
7. Bank/Kasse — 420
8. Übriger Aufwand/Bank — 73
9. Übriger Aufwand/Mobiliar — 7
10. Übriger Aufwand/Bank — 28
11. Warenaufwand/Warenlager — 30
12. Übriger Aufwand/Post — 8
13. Kreditoren/Bank — 435

g) Der Verlust würde sich um 7 auf 54 vermindern.

Sie haben Ihr Ziel erreicht. Herzliche Gratulation!

Wenn Sie Ihre Buchhaltungskenntnisse noch erweitern möchten, empfehlen wir Ihnen die Lektüre unserer Lehrbücher «Das Rechnungswesen», Bände 2–4.

Fachwortverzeichnis

Fachwort	Erklärung
Aktiengesellschaft	Rechtsform für eine Gesellschaft, bei welcher das Eigenkapital bei der Gründung durch einen oder mehrere Aktionäre aufgebracht wird und die Haftung auf das Gesellschaftsvermögen beschränkt ist.
Aktiven	Soll-Seite der Bilanz. Vermögen.
Anlagevermögen	Vermögensteile, die der Unternehmung für lange Zeit (länger als ein Jahr) zur Nutzung bereitstehen.
Aufwand	Durch den Umsatzprozess (Leistungserstellung und -veräusserung) verursachte Vermögensabnahmen oder Schuldenzunahmen.
Bank	Kurzfristiges Guthaben oder kurzfristige Schuld bei einer Bank. Kreditbetrag wegen laufender Ein- und Auszahlungen schwankend.
Bestandesrechnung	Bilanz.
Bilanz	Gegenüberstellung von Aktiven und Passiven zu einem bestimmten Zeitpunkt.
Bilanzsumme	Total der Aktiven = Total der Passiven.
Buchungssatz	Kurzform zur Darstellung der Verbuchung eines Geschäftsfalls. Besteht aus Soll-Konto, Haben-Konto und Betrag.
Darlehen	Meist Darlehens*schuld*. Fester, langfristiger Kredit.
Debitoren	Forderungen gegenüber Kunden. Offene (noch nicht bezahlte) Kundenrechnungen.
Eigenkapital	Reinvermögen. Überschuss des Vermögens (Aktiven) über die Schulden (Fremdkapital).
Einzelunternehmung	Rechtsform für eine Unternehmung, bei der das Eigenkapital durch den unbeschränkt haftenden Inhaber aufgebracht wird.
Erfolg	Oberbegriff für Gewinn oder Verlust. Saldo der Erfolgsrechnung. Differenz zwischen Aufwand und Ertrag.
Erfolgsrechnung	Gegenüberstellung von Aufwand und Ertrag eines Zeitraums (z. B. ein Jahr).
Ertrag	Durch den Umsatzprozess (Leistungserstellung und -veräusserung) verursachte Vermögenserhöhungen oder Schuldenabnahmen.
Fertigfabrikate	Von einem Fabrikationsbetrieb hergestellte und zum Verkauf bestimmte Erzeugnisse.
Fremdkapital	Schulden. Verbindlichkeiten gegenüber Dritten.
GmbH	Gesellschaft mit beschränkter Haftung. Rechtsform für eine Gesellschaft, bei der das Eigenkapital (Stammkapital) bei der Gründung durch einen oder mehrere Gesellschafter aufgebracht wird und die Haftung auf das Gesellschaftsvermögen beschränkt ist.
Gewinn	Positiver Erfolg. Ertrag ist grösser als Aufwand.
Gewinnvortrag	Nicht ausgeschütteter Gewinnrest aus dem Vorjahr. Teil des Eigenkapitals, vor allem bei der Aktiengesellschaft.

Fachwort	Erklärung
Haben	Rechte Seite eines Kontos.
Hauptbuch	Gesamtheit aller Konten.
Hypotheken	Grundpfandgesichertes Darlehen.
Immobilien	Liegenschaften (Land, Gebäude, Stockwerkeigentum).
Inventar	Detailliertes Verzeichnis aller Vermögens- und Schuldenteile zu einem bestimmten Zeitpunkt.
Inventur	Inventar-Aufnahme (Tätigkeit)
Journal	Chronologische (zeitlich geordnete) Aufzeichnung aller Buchungen. Besteht aus Datum, Soll- und Haben-Buchung, Text sowie Betrag.
Kapital	Passiven. Haben-Seite der Bilanz.
Kollektivgesellschaft	Rechtsform für eine Gesellschaft, bei der das Eigenkapital durch mindestens zwei unbeschränkt haftende Teilhaber aufgebracht wird.
Konto	Zweiseitige Rechnung für die Verbuchung von Geschäftsfällen. Linke Seite = Soll, rechte Seite = Haben.
Kreditoren	Offene (noch nicht bezahlte) Rechnungen, vor allem gegenüber Lieferanten. Kurzfristige Schulden.
Liquide Mittel	Zusammenfassung kurzfristig verfügbarer Zahlungsmittel wie Kasse, Post und Bank.
Mobiliar	Büromöbel, Einrichtungen.
Mobilien	Oberbegriff für Mobiliar, EDV-Anlagen, Büromaschinen und manchmal Fahrzeuge.
Passiven	Haben-Seite der Bilanz. Kapital.
Reinvermögen	Eigenkapital. Aktiven abzüglich Schulden.
Rohmaterial	Ausgangsstoffe zur Herstellung von Produkten im Fabrikationsbetrieb.
Reserven	Zurückbehaltener (nicht ausgeschütteter) Gewinn. Teil des Eigenkapitals, vor allem bei Aktiengesellschaften.
Saldo	Rest in einem Konto oder bei einer Abrechnung. Ausgleichsbetrag zwischen Soll und Haben.
Saldovortrag	Der aus der Vorperiode übernommene Bestand eines Aktiv- oder Passivkontos. Der Anfangsbestand der laufenden Periode entspricht dem Schlussbestand der Vorperiode.
Schulden	Fremdkapital. Verbindlichkeiten gegenüber Dritten.
Soll	Linke Seite eines Kontos.
Umlaufvermögen	Flüssige Mittel und Vermögensteile, die innerhalb eines Jahres zur Umwandlung in flüssige Mittel bestimmt sind.
Verlust	Negativer Erfolg. Aufwand ist grösser als Ertrag.
Vermögen	Aktiven. Soll-Seite der Bilanz.